Das Mathebuch 4

Herausgegeben von
Karl-Heinz Keller und Peter Pfaff

Erarbeitet von
Wiebke Meyer
Hendrik Simon
Nina Simon

Unter Beratung von
Marietta Dieckmann
Christa Müller
Uta Maria Veit
Markus Westermeyer

Mildenberger

Inhaltsverzeichnis

Der Stoffverteilungsplan im Handbuch (Teil A) weist die obligatorischen und zusätzlichen Seiten aus.

● Zahlen und Operationen   ● Größen und Messen

● Raum und Form   ● Daten, Häufigkeit und Wahrscheinlichkeit

● Muster und Strukturen   **Grundlage: KMK-Bildungsstandards**

1 Immer zwei Kärtchen gehören zusammen. Ordne zu und notiere im Heft. Beginne mit der kleinsten Zahl. Wie heißt der Lösungssatz?

dreihundertvierzig **T** 314 vierhundertdrei **L**

43 vierunddreißig **E** 340 410

403 dreihundertvier **G**

vierhundertdreizehn **S** 310 413

34 430 dreiundvierzig **S** 304

vierhundertzehn **O** dreihundertvierzehn **H**

dreihundertzehn **E** vierhundertdreißig **!**

2 Welche Zahlen gehören zu den Buchstaben? Schreibe so: *A: 819*

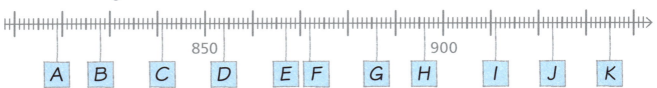

850   900

A B C D E F G H I J K

3 Schreibe jede Zahl mit

a) ihrem Vorgänger und Nachfolger auf. Beispiel: *a) 402, 403, 404*

b) ihren Nachbarzehnern auf. Beispiel: *b) 400 < 403 < 410*

c) ihren Nachbarhundertern auf. Beispiel: *c) 400 < 403 < 500*

403 127 800 399 679 745 220 932 86

4 >, < oder =?

a) 691 ● 931
579 ● 579
350 ● 305

b) 357 ● 357
214 ● 198
83 ● 830

c) 732 ● 436
426 ● 425
687 ● 812

d) 893 ● 908
277 ● 421
1000 ● 106

5 Schreibe die Zahlen auf drei Arten. Beispiel: *a) 4 H 7 Z 2 E = 400 + 70 + 2 = 472*

a)
T	H	Z	E
	4	7	2

b)
T	H	Z	E
	9	3	6

c)
T	H	Z	E
1	0	0	0

d)
T	H	Z	E
	8	0	5

e)
T	H	Z	E
	7	4	1

6 Setze die Zahlenfolgen fort.

a) 99, 198, 297, … 990

b) 536, 521, 506, … 401

c) 265, 275, 295, 325, 365, … 925

d) 99, 119, 104, 124, 109, … 144

1
a)
6 + 3
60 + 30
600 + 300

b)
2 + 5
20 + 50
200 + 500

c)
9 + 1
90 + 10
900 + 100

d)
5 + 4
50 + 40
500 + 400

e)
4 + 3
40 + 30
400 + 300

2
a)
42 + 53
420 + 530

b)
15 + 37
150 + 370

c)
28 + 65
280 + 650

d)
46 + 51
460 + 510

e)
34 + 57
340 + 570

3 Rechne geschickt.

a)
235 + 498
397 + 167
618 + 299

b)
436 + 303
296 + 533
605 + 199

c)
346 + 498
298 + 197
176 + 297

d)
558 + 398
402 + 287
298 + 475

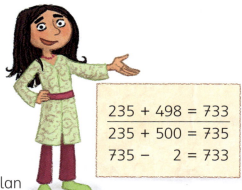

235 + 498 = 733
235 + 500 = 735
735 – 2 = 733

Dilan

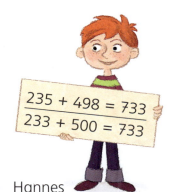

235 + 498 = 733
233 + 500 = 733

Hannes

4 Schreibe die Aufgaben in dein Heft und addiere schriftlich.

a)
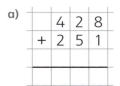
```
   4 2 8
 + 2 5 1
```

b)
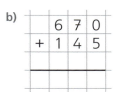
```
   6 7 0
 + 1 4 5
```

c)
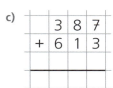
```
   3 8 7
 + 6 1 3
```

d)
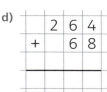
```
   2 6 4
 +   6 8
```

e)
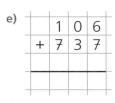
```
   1 0 6
 + 7 3 7
```

5 Addiere schriftlich. In jedem Päckchen haben die Ergebnisse etwas gemeinsam.

a)
244 + 514
598 + 277
353 + 225

b)
539 + 435
236 + 513
495 + 452

c)
287 + 354 + 247
129 + 588 + 282
367 + 145 + 265

6 Ergänze die fehlenden Ziffern und Überträge.

a)
```
   3 8 1
 + ■ ■ ■
 ───────
   9 9 9
```

b)
```
   ■ ■ ■
 +   2 6 9
 ───────
 1 0 0 0
```

c)
```
   4 2 8
 + ■ ■ ■
 ───────
   8 0 6
```

d)
```
   ■ ■ 7
 + 3 4 6
 ───────
   7 2 ■
```

e)
```
   1 6 4
 + ■ ■ 8
 ───────
   9 3 ■
```

7 Rechne die Aufgaben im Kopf oder schriftlich. Entscheide bei jeder Aufgabe neu.

a)
505 + 325
298 + 548

b)
257 + 304
490 + 140

c)
630 + 240
208 + 599

d)
401 + 418
562 + 160

8 Triff die 1000

Material: 3 Würfel, jeweils 1 Blatt, 1 Stift
Spielregeln: Jeder Spieler würfelt mit drei
Würfeln und bildet eine dreistellige Zahl.
Dann würfelt jeder Spieler erneut und addiert
die neue dreistellige Zahl schriftlich zur ersten Zahl.
Gewonnen hat, wer näher an der 1000 (und nicht darüber) liegt.

Jan
```
   3 5 2
 +
 ───────
```

5a, b Ergebnisse bestehen immer aus denselben Ziffern
5c Ergebnisse haben jeweils drei gleiche Ziffern
8 Variante: 3-mal würfeln und die Zahlen schriftlich addieren

1
a) 9 – 7
90 – 70
900 – 700

b) 10 – 4
100 – 40
1 000 – 400

c) 8 – 5
80 – 50
800 – 500

d) 7 – 3
70 – 30
700 – 300

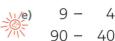 e) 9 – 4
90 – 40
900 – 400

2
a) 87 – 24
870 – 240

b) 91 – 46
910 – 460

c) 75 – 38
750 – 380

d) 69 – 53
690 – 530

 e) 82 – 65
820 – 650

3 Rechne geschickt.

a) 368 – 197
621 – 398
785 – 403

b) 825 – 499
632 – 206
587 – 199

c) 916 – 598
741 – 303
553 – 296

d) 874 – 502
637 – 499
923 – 896

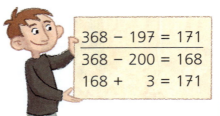

368 – 197 = 171
368 – 200 = 168
168 + 3 = 171

Rick

Emma

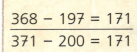

368 – 197 = 171
371 – 200 = 171

4 Schreibe die Aufgaben in dein Heft und subtrahiere schriftlich.

a)
```
  6 7 4
- 2 5 1
```

b)
```
  8 9 2
- 1 4 7
```

c)
```
  1 0 0 0
-     4 8 3
```

d)
```
  7 0 8
- 3 3 3
```

e)
```
  4 2 6
- 3 8 7
```

5 Subtrahiere schriftlich. In jedem Päckchen haben die Ergebnisse etwas gemeinsam.

a) 816 – 541
925 – 398
683 – 426

b) 642 – 274
983 – 597
824 – 186

c) 711 – 489
624 – 291
803 – 359

6 Ergänze die fehlenden Ziffern und Überträge.

a)
```
  7 3 1
- ■ ■ ■
───────
  4 1 8
```

b)
```
  1 0 0 0
-   ■ ■ ■
───────
    6 2 4
```

c)
```
  ■ ■ ■
- 2 3 7
───────
  5 4 9
```

d)
```
  ■ ■ ■
- 1 8 4
───────
  3 7 2
```

e)
```
  7 6 ■
- ■ 8 3
───────
  4 ■ 5
```

7 Rechne die Aufgaben im Kopf oder schriftlich. Entscheide bei jeder Aufgabe neu.

a) 839 – 403
584 – 276

b) 520 – 280
756 – 406

c) 937 – 299
588 – 302

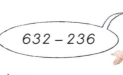 d) 864 – 572
630 – 399

8 Wie der Blitz

Material: 3 Würfel, jeweils 1 Blatt, 1 Stift
Spielregeln: Würfelt mit drei Würfeln und
bildet die größte und die kleinste dreistellige Zahl.
Berechnet die Differenz. Der schnellste Rechner gewinnt.
Kontrolliert das Ergebnis, indem ihr schriftlich nachrechnet.

632 – 236

9 Erkennt ihr eine Regel oder einen Trick, um das Ergebnis
für Aufgabe 8 schnell herauszubekommen?

6

1 Runde auf ganze Euro oder Meter. Schreibe so: *a) 240,83 € ≈ 241 €*

a) 240,83 €   b) 47,91 m   c)   0,98 €   d) 384,49 m
   6,07 €   515,15 m   72,27 €   0,61 m

2 Überschlage zuerst, dann rechne genau. Vergleiche dein Ergebnis mit dem Überschlag.

a) 374,20 € + 405,50 €
   492,57 m + 269,58 m
   151,65 € + 428,40 m

b) 258,84 € + 426,65 € + 107,50 €
   346,55 m + 97,44 m + 509,38 m
    78,32 m + 213,45 m + 499,21 m

Ü: 370 € + 410 € = 780 €

374,20 €
+ 405,50 €
_____

3 Wandle in Kommazahlen um und addiere schriftlich.

a)   582 ct + 9,45 €   b) 841 cm + 5,77 m   c) 28,95 €   + 940 ct
   12,38 € +   76 ct   3,63 m + 724 cm   51 cm + 7,83 m

4 Überschlage zuerst, dann rechne genau. Vergleiche dein Ergebnis mit dem Überschlag.

a) 825,75 € − 96,99 €   b) 392,10 m − 176,25 m   c) 607,09 € − 342,22 €
   476,40 m − 218,65 m   500,70 m − 325,80 m   951,86 m − 716,25 m
   732,54 € − 545,38 €   436,94 m − 442,51 m   737,37 € − 373,73 €

5 Wandle in Kommazahlen um und subtrahiere schriftlich.

a) 913 cm − 5,61 m   b) 16,35 € − 608 ct   c) 14,32 € − 755 ct
   8,47 m −   75 cm   970 ct − 5,49 €   978 cm − 3,69 m

6 Jonas und Lisa spielen Kirschkernweitspucken.

a) Wer hat am weitesten gespuckt?

b) Wer hat bei den meisten Versuchen gewonnen?

c) Wer hat die längste Gesamtstrecke erreicht?

d) Wer hat das Kirschkernweitspucken gewonnen?

Jonas	Lisa
112 cm	1,04 m
1,23 m	98 cm
67 cm	0,95 m
0,91 m	116 cm
88 cm	75 cm

7 Felix hat am 1. Juni 216,37 € auf seinem Sparbuch. Am 15. Juni zahlt er 180 € ein. Im Juli hebt er 50 € und im August 170 € ab.

8 Mia und Lilo fahren mit ihren Eltern in den Freizeitpark. Ihre Mutter nimmt 300 € mit. Der Eintritt kostet 29 € pro Person, für Essen und Trinken geben sie 59,43 € und für die Fahrt 87,50 € aus.

6 Lösungsweg und passenden Antwortsatz im Heft notieren
6d Mehrere Lösungen sind möglich
7, 8 Frage, Lösungsweg und passenden Antwortsatz im Heft notieren

7

1
a) 2 · 5
2 · 50
2 · 500

b) 8 · 1
8 · 10
8 · 100

c) 4 · 2
4 · 20
4 · 200

d) 3 · 3
3 · 30
3 · 300

e) 5 · 8
5 · 80
5 · 800

2
a) 4 · 90
50 · 7
6 · 80

b) 6 · 60
5 · 50
70 · 4

c) 80 · 7
3 · 60
20 · 9

d) 30 · 8
2 · 40
90 · 7

e) 6 · 50
80 · 4
7 · 60

3 Manchmal hilft die Tauschaufgabe.

a) 9 · 13
16 · 4
17 · 5

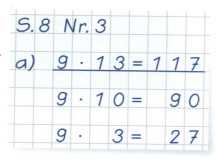

S. 8 Nr. 3
a) 9 · 13 = 1 1 7
9 · 10 = 90
9 · 3 = 27

b) 7 · 12
18 · 3
8 · 15

c) 19 · 3
11 · 8
7 · 14

d) 4 · 18
13 · 6
5 · 14

4 Bilde Multiplikationsaufgaben.

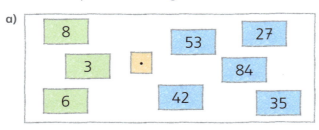

a)
8 · 53 · 27
3 · 84
6 · 42 · 35

b)
4 · 168 · 126
2 · 234
3 · 198 · 205

c) In Aufgabe 4a) und Aufgabe 4b) haben jeweils zwei Aufgaben dasselbe Ergebnis. Notiere sie.

5 Rechne geschickt.

9 · 16
Ich rechne
10 · 16 − 1 · 16

a) 9 · 16
9 · 19

b) 9 · 15
9 · 17

c) 9 · 53
28 · 9

d) 46 · 9
9 · 34

6 Rechne geschickt.

6 · 29
Ich rechne
6 · 30 − 6 · 1

a) 6 · 29
8 · 19

b) 3 · 19
5 · 49

c) 89 · 6
4 · 59

d) 8 · 69
39 · 7

7 Manchmal hilft die Tauschaufgabe.

a) 37 · 20
16 · 24
19 · 40

b) 17 · 35
12 · 29
45 · 16

c) 25 · 31
43 · 15
36 · 28

37 → · 20 → 740
· 2 ↓
74 → · 10 ↗

8 Frau Peters kauft 3 Flüssigkleber, 4 Scheren und 8 Zweifarben-Stifte im Sonderangebot.

a) Wie viel muss sie insgesamt bezahlen?

b) Wie viel hat sie gespart?

2,19 €
2,99 €

1,50 €
1,99 €

1,39 €
1,55 €

8 Lösungsweg und passenden Antwortsatz im Heft notieren

1
a)
8 : 4
80 : 4
800 : 4

b)
6 : 3
60 : 3
600 : 30

c)
100 : 5
1000 : 5
100 : 50

d)
40 : 2
400 : 2
400 : 20

e)
90 : 3
90 : 30
900 : 3

2
a) 270 : 3
560 : 80
300 : 60

b) 420 : 70
630 : 9
240 : 40

c) 240 : 8
450 : 90
250 : 50

d) 720 : 90
400 : 5
640 : 8

e) 360 : 6
810 : 90
280 : 7

3 Kontrolliere mit der Umkehraufgabe.

a)
60 : 4
112 : 8
126 : 9

b)
45 : 3
72 : 6
119 : 7

S.9 Nr.3
a) 60 : 4 = 15   K: 15 · 4 = 60
40 : 4 = 10   40 / 20
20 : 4 =   5

c)
96 : 6
128 : 8
114 : 6

d)
144 : 9
126 : 7
162 : 9

4
a) 77 : 7
79 : 7
84 : 7

b) 72 : 6
75 : 6
78 : 6

c) 104 : 8
109 : 8
111 : 8

d) 117 : 9
122 : 9
126 : 9

5 Kontrolliere mit der Umkehraufgabe.

a) 288 : 6
504 : 8
535 : 5

b) 648 : 9
436 : 4
728 : 7

S.9 Nr.5
a) 288 : 6 = 48   K: 48 · 6 = 288
240 : 6 = 40   240 / 48
48 : 6 =   8

c) 498 : 6
117 : 3
280 : 5

d) 872 : 8
616 : 2
312 : 4

6 Bilde Divisionsaufgaben. Einige Ergebnisse haben einen Rest. Rechne die Kontrolle.

a)
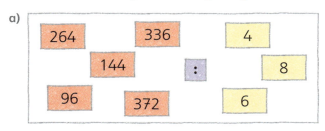

264	336	4
144	:	8
96	372	6

b)

136	531	6
228	:	8
460	304	7

 In Aufgabe 6a) und Aufgabe 6b) haben jeweils zwei Aufgaben dasselbe Ergebnis.
Notiere sie.

7 Verteile gerecht
a) an 2 Kinder.
b) an 3 Kinder.

1,80 €   2,04 €   5,46 €
3,00 €   2,40 €   4,32 €

1　Zeichne die Figur und die Symmetrieachse mit Lineal in dein Heft.
Ergänze das Spiegelbild. Markiere zuerst die Eckpunkte.

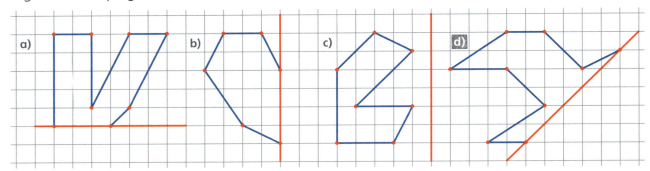

2　Welcher Körper ist es?

a) Alle Kanten dieses Körpers sind gleich lang.

b) Dieser Körper hat keine Ecken und keine Kanten.

c) Dieser Körper hat 12 Kanten.
Immer 4 Kanten sind gleich lang.

d) Dieser Körper hat 5 Ecken.

e) Dieser Körper hat 2 Flächen.

f) Dieser Körper hat 2 runde Flächen.

Würfel　　Quader　　Kugel

Zylinder　　Pyramide　　Kegel

3　
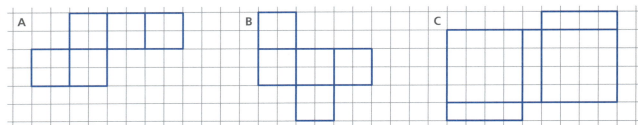

A　　B　　C

a) Zeichnet die Figuren ab und ergänzt sie so, dass ein Würfelnetz oder ein Quadernetz entsteht.

b) Wie viele Möglichkeiten gibt es für jede Figur? Zeichnet und begründet eure Lösung.

4　Zeichne die Rechtecke in dein Heft.
Zeichne sie dann verkleinert daneben. Jede Seite soll halb so lang sein.

a) Länge 4 cm
Breite 8 cm

b) Länge 10 cm
Breite 2 cm

c) Länge 8 cm
Breite 3 cm

d) Länge 7 cm
Breite 5 cm

5　Zeichne die Muster vergrößert in dein Heft und setze sie nach rechts und nach unten fort.
Jede Strecke soll doppelt so lang sein.

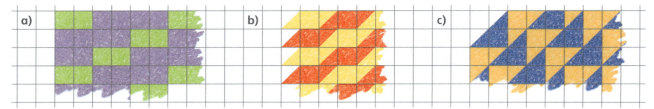

a)　　b)　　c)

1 Immer zwei Kärtchen gehören zusammen. Ordne zu und notiere im Heft.
Wie heißt das Tier?

| 1 | 144 min |

| 5 | 398 s |

| 3 | $2\frac{3}{4}$ h |

| 4 | 3 min 46 s |

| 7 | 287 s |

| 2 | 4 h 7 min |

| 6 | $6\frac{1}{2}$ min |

4 min 47 s	L
165 min	O
226 s	L
247 min	X
2 h 24 min	A
390 s	T
6 min 38 s	O

| 1 | 2 | 3 | 4 | 5 | 6 | 7 |

2 Wie viele Minuten fehlen bis zur vollen Stunde?

Schreibe so: *a) 9.36 Uhr $\xrightarrow{+24\,min}$ 10.00 Uhr*

a)

b)  17:03

c)

d) 22:25

e)

3 Berechne die Zeitspanne. Löse mit einem Pfeildiagramm.

Schreibe so: *a) 6.21 Uhr $\xrightarrow{+39\,min}$ 7.00 Uhr $\xrightarrow{+3\,h}$ 10.00 Uhr*
Dauer: 3 h 39 min

a) 6.21 Uhr ⟶ 10.00 Uhr
15.05 Uhr ⟶ 23.00 Uhr
10.48 Uhr ⟶ 15.00 Uhr

b) 4.34 Uhr ⟶ 8.16 Uhr
20.53 Uhr ⟶ 0.28 Uhr
16.19 Uhr ⟶ 16.03 Uhr

4 Zeichne die Tabellen in dein Heft und ergänze sie.

a)

Anfang	Dauer	Ende
9.00 Uhr	8 h	
18.50 Uhr	3 h 10 min	
16.43 Uhr	40 min	
13.30 Uhr	10 h 28 min	

b)

Anfang	Dauer	Ende
8.00 Uhr		15.00 Uhr
11.57 Uhr		14.18 Uhr
	45 min	0.22 Uhr
	6 h 52 min	19.36 Uhr

5 Familie Glatt macht Urlaub an der Ostsee.
Sie fährt am 12. Juli mit dem Zug von Göttingen
nach Scharbeutz und am 26. Juli wieder zurück.

a) Wie viele Tage ist Familie Glatt insgesamt im Urlaub?

b) Wie lange dauert die Hinfahrt?

c) Für die Rückfahrt brauchen sie 23 min länger.
Wie lange dauert die Rückfahrt?

d) Wie lange ist Familie Glatt insgesamt mit dem Zug
unterwegs?

DB		Zeit
Göttingen Hbf	ab 08.43 Uhr	
Hamburg Hbf	an 10.55 Uhr	
Hamburg Hbf	ab 11.08 Uhr	
Lübeck Hbf	an 11.51 Uhr	
Lübeck Hbf	ab 12.12 Uhr	
Scharbeutz	an 12.35 Uhr	

Wiederholung – Längen und Gewichte

1 Miss die Länge jeder Strecke. Schreibe so: $\overline{AB} = 5\,cm\,7\,mm = 57\,mm = 5,7\,cm$

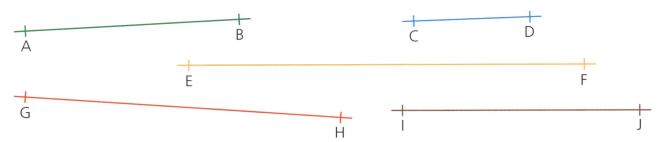

2 Zeichne die Strecken in dein Heft.

a) $\overline{AB} = 4\,cm\,8\,mm$
   $\overline{CD} = 0\,cm\,6\,mm$

b) $\overline{EF} = 52\,mm$
   $\overline{GH} = 110\,mm$

c) $\overline{IJ} = 12,7\,cm$
   $\overline{KL} = 8,2\,cm$

3 Schreibe auf drei Arten. Beispiel: *a) 38 cm = 0 m 38 cm = 0,38 m*

a) 38 cm
   127 cm
   405 cm

b) 3 m 59 cm
   7 m 4 cm
   0 m 73 cm

c) 6,10 m
   0,06 m
   8,65 m

d) 643 cm
   2 m 78 cm
   4,08 m

4

| 483 m | 71 m | 828 m | $\frac{1}{2}$ km | 117 m | 704 m | 53 m |

a) Ordne der Größe nach. Beginne mit der längsten Strecke. Verwende >.

b) Ergänze zu einem Kilometer. Schreibe so: *b) 483 m + 517 m = 1000 m*

5 Ordne die Gegenstände den Merkgewichten zu. Schreibe so: *A: 1 kg*

| 500 g | 10 g | 250 g | 1 g | 1 kg | 100 g |

6

| 350 g | 803 g | $\frac{3}{4}$ kg | 124 g | 782 g | 85 g | 578 g |

a) Ordne der Größe nach. Beginne mit dem leichtesten Gewicht. Verwende <.

b) Ergänze zu einem Kilogramm. Schreibe so: *b) 350 g + 650 g = 1000 g*

7
a) Welches Kind trägt den schwersten Korb?

b) Wie könnten die Kinder die Waren verteilen, sodass jedes Kind gleich schwer tragen muss?

Kaffee $\frac{1}{2}$ kg
Bananen 1 kg
Schokolade 100 g
Nudeln 500 g

Hackfleisch 750 g
Tomaten 900 g
Müsli 200 g
Zwiebeln 350 g

Bratwurst 800 g
Brot 300 g
Sauerkraut 350 g
Butter $\frac{1}{4}$ kg

7 Lösungsweg und passenden Antwortsatz im Heft notieren

1 Welche Fragen kannst du beantworten? Schreibe sie mit Lösungsweg und Antwort in dein Heft.

Herr Stoll ist jetzt 42 Jahre alt. Er ist seit 9 Jahren Sportlehrer. Er kauft neue Tennisbälle: 20 Dosen mit je 3 Bällen und 10 Dosen mit je 6 Bällen. Eine 3er-Dose kostet 9 €, eine 4er-Dose 10 € und eine 6er-Dose 12 €. Herr Stoll hat für die Tennisbälle 250 € eingeplant.

Wie viele Bälle kauft Herr Stoll?

Wie heißt der Mathelehrer?

Reicht das vorgesehene Geld?

Wie viel kostet eine 5er-Dose Tennisbälle?

Tipps zum Lösen von Sachaufgaben

- Lies den Text aufmerksam durch.
- Überlege passende Fragen.
- Markiere wichtige Angaben.
- Streiche unwichtige Angaben.
- Zeichne eine Skizze, falls nötig.
- Rechne und kontrolliere.
- Schreibe eine Antwort.

2 Auf dem Schulhof soll eine neue Hecke gepflanzt werden. Die Pflanzen sollen in einem Abstand von 40 cm eingesetzt werden. Der Abstand von der ersten bis zur letzten Pflanze beträgt 3,60 m. Wie viele Pflanzen werden benötigt? Löse mit einer Skizze.

3 Frau Müller hat ihre Freundinnen zum Frühstück eingeladen und möchte dafür 24 Brötchen kaufen. Bei Bäcker Glatz gibt es 6 Brötchen für 1,98 € und bei Bäcker Haake sind 8 Brötchen für 2,40 € im Sonderangebot. In welcher Bäckerei sind die Brötchen günstiger? Erstelle für jeden Bäcker eine Tabelle.

S. 13 Nr. 3

Bäcker Glatz

Anzahl Brötchen	Preis in €
6	

4 Schreibt die Aufgaben so um, dass sie lösbar sind.

a) Ida möchte ein Lexikon für 28 € kaufen. Das Buch enthält 365 Farbfotos. Sie spart für das Lexikon jede Woche ihr Taschengeld.

b) Ben kaut gerne Kaugummi. In einer Woche verbraucht er 2 Päckchen.

5 Erfindet zu den vorgegebenen Lösungswegen jeweils eine Sachaufgabe und löst sie.

a)

Länge der Mauer	Anzahl der Steine
5 m	80
10 m	
1 m	
26 m	

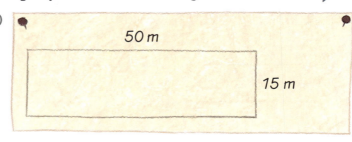

b) 50 m / 15 m

c) 84,50 € : 5 = ___ €

1–3 Aufgabentexte als Kopiervorlage im Handbuch
2, 3 Lösungsweg und passenden Antwortsatz im Heft notieren
4 Frage, Lösungsweg und passenden Antwortsatz im Heft notieren

13

1 Schreibe jede Zahl mit

    a) ihrem Vorgänger und Nachfolger auf.

    b) ihren Nachbarzehnern auf.

    c) ihren Nachbarhundertern auf.

| 500 | 630 | 174 |
| 305 | 99 | 751 |

2 Addiere schriftlich.

    a) 387 + 431   **b)** 568 + 124 + 275

        725 + 196   306 + 285 + 197

        253 + 249   247 + 87 + 456

3 Subtrahiere schriftlich.

    a) 931 − 528   **b)**   654 − 579

        716 − 452   1 000 − 183

        843 − 297   902 − 767

4 Wandle in Kommazahlen um und rechne schriftlich.

    a)   198 ct + 14,35 €   **b)** 8,05 € − 618 ct   **c)** 5,63 € − 228 ct

        11,54 m + 364 cm   8,40 m − 673 cm   235 cm + 0,97 m

5 Manchmal hilft die Tauschaufgabe.

    a) 14 · 9   **b)** 39 · 6   **c)** 6 · 124   **d)** 3 · 328   **e)** 106 · 5

        5 · 73   7 · 64   4 · 207   5 · 198   248 · 4

6 Einige Ergebnisse haben einen Rest. Rechne zu jeder Aufgabe die Kontrolle.

    a) 136 : 8   **b)** 115 : 6   **c)** 438 : 6   **d)** 251 : 7   **e)** 928 : 9

        74 : 4   133 : 7   498 : 5   666 : 9   749 : 7

7 Zeichne die Strecken.

    $\overline{AB}$ = 5,8 cm

    $\overline{CD}$ = 126 mm

    $\overline{EF}$ = 2 cm 5 mm

8 Schreibe auf drei Arten.

    a) 4,03 m   **b)** 208 cm   **c)** 0 m 62 cm

        0,51 m   194 cm   5 m 9 cm

        9,47 m   76 cm   8 m 15 cm

9

| 527 g | 251 g | 804 g | $\frac{1}{4}$ kg | 736 g | 390 g | 129 g | $\frac{3}{4}$ kg |

    a) Ordne der Größe nach. Beginne mit dem schwersten Gewicht. Verwende >.

    b) Ergänze zu einem Kilogramm.

10 Zeichne die Figuren ab und ergänze sie so, dass ein Würfelnetz oder ein Quadernetz entsteht.

11 Das Leichtathletiktraining beginnt um 16.30 Uhr und endet um 18.00 Uhr.
Für das Aufwärmtraining werden 20 min eingeplant und für die Abschlussgymnastik weitere
15 min. Wie viel Zeit bleibt für das Lauftraining?

Nachdenken und vertiefen

1 Setze fort.

a)
```
428 + 273
418 + 284
408 + 295
```

b)
```
706 − 598
712 − 565
718 − 532
```

c)
```
17 · 9
16 · 10
15 · 11
```

d)
```
144 : 4
132 : 4
120 : 4
```

2 Ergänze die fehlenden Ziffern.

a) ▪2▪ · 3 = 3▪9
   ▪▪4 · 2 = 4 6▪

b) 1▪6 : 4 = 3▪
   ▪2 5 : 7 = ▪5

c) 9▪5 : 3 = ▪▪5
   ▪4▪ · 5 = 7▪5

3 Julia und Felix wollen sich 1,50 € teilen.
Felix soll 30 ct weniger bekommen als Julia.

Wie viel bekommt jedes Kind?

4 Der Drucker von Frau Stein druckt pro
Minute 12 Seiten in schwarz-weiß oder
6 Seiten in Farbe. Frau Stein möchte
insgesamt 198 Seiten ausdrucken.
Davon sollen 42 Seiten farbig sein.

Wie lange dauert das Ausdrucken?

5 Erfinde zu jeder Aufgabe eine passende Sachaufgabe und löse sie.

a) 278,99 € + 89,89 € = ▪

b) 4 · 78 kg = ▪

c) 37,50 € : 3 = ▪

6 Aus welchen sechs Teilen kann man ein Quadernetz zusammensetzen?
Löse im Kopf und notiere deine Lösung.

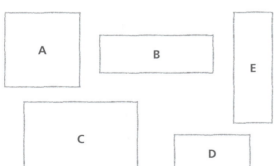
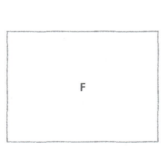

7

a) 1 000 − △ = ▢
   ▢ + ▮ = 700
   2 · ▮ = ●
   ● + ● = 200

b) 7 · ▲ = ◇
   ◇ − ▢ = 180
   ▢ : 3 = 24

c) 27 : ▲ = ●
   ▲ · ▮ = ▢
   ▮ + ▮ = 60
   ▢ − 60 = 210

d) △ : ▮ = △
   △ + △ = △
   △ − △ = △
   △ · △ + ▮ = ▮

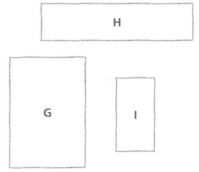

1 Regelmäßige Päckchen: Gesetzmäßigkeiten erkennen und Aufgabenserie um mindestens zwei weitere Aufgaben ergänzen
2b, c Mehrere Lösungen sind möglich
3, 4 Lösungsweg und passenden Antwortsatz im Heft notieren

 1 Welche Zahlenangaben passen zu den Fotos A bis F? Ordnet zu.

| 5 Personen | 21 Personen | 150 Personen |

| 2 000 Personen | 10 000 Personen | 300 000 Personen |

1

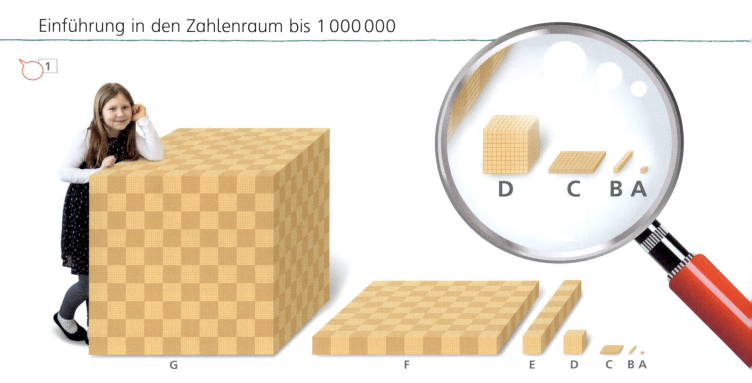

G   F   E   D   C   B A

a) Ordne den Abbildungen A bis G die richtigen Bezeichnungen zu.
   Schreibe so: *a) A: Einer*

Zehner

Einer

Hunderter

Hunderttausender

Million

Zehntausender

Tausender

b) Wie wird gebündelt? Schreibe so: *b) 10 Einer   = 1 Zehner*
   10 Zehner =

c) Wie viele Tausender (D) werden benötigt, um E, F oder G zu bauen?
   Schreibe so: *c) E: _____ Tausender*

2 Wie viele Tausender (D) sind es? Schreibe so: *a) _____ Tausender*

a)   b)   c)

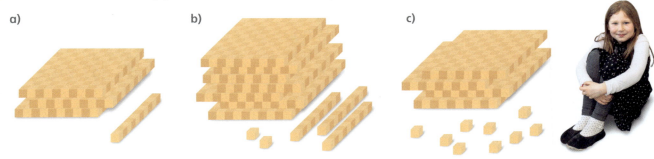

3 Stelle folgende Zahlen auf Millimeterpapier dar.   10   100   1 000

4 a) Welche Zahl ist auf dem
      Millimeterpapier dargestellt?
   b) Stelle folgende Zahlen dar.

543   6 305   11 111

1a, b Stellenwerte bis 1 Million kennenlernen   **1c** Zahlwortanalogien im Zahlenraum bis eine Million thematisieren
3 Zahldarstellung auf Millimeterpapier thematisieren; Darstellungen vergleichen
3, 4 Kopiervorlage nutzen

17

Zahlwörter bis 1 000 000

 2 Stellt die Zahlen mit eurem Zahlenrahmen und euren Zahlenkarten dar und sprecht sie deutlich. Schreibt so: *a) 724 309 = 724 000 + 309*

a)

724 309	205 999	444 444

b)

300 427	609 046	770 070

 3 Schreibe die Zahlen in eine Stellenwerttabelle. Notiere die Zerlegung auf zwei Arten wie im Beispiel.

a) 801 007

b) 43 900

c) 330 330

d) 2 010 101

S. 18 Nr. 3

a)

M	HT	ZT	T	H	Z	E
	8	0	1	0	0	7

801 007 = 8 HT 1 T 7 E

801 007 = 800 000 + 1 000 + 7

 4 Schreibt in eine Stellenwerttabelle und als Zahl. Lest euch die Zahlen abwechselnd vor.

a) 4 E 7 HT 2 ZT 9 T 2 H
   1 ZT 2 T 6 E
   3 HT 5 T 3 H 1 ZT 9 E

b) 400 000 + 7 000 + 20 + 8
   60 000 + 4 000 + 400 + 1
   20 + 100 000 + 900 + 6

c) 40 000 + 300 + 20 000 + 2
   3 HT 4 Z 2 ZT 1 HT 1 Z
   6 000 + 20 + 4 + 4 000

5 Zahlwortkarten-Spiel

Material: Zahlwortkarten
Spielregeln: Jeder Spieler erhält fünf Karten auf die Hand. Die restlichen Karten werden verdeckt auf einen Stapel gelegt.

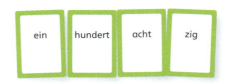

Der erste Spieler legt ein gültiges Zahlwort. Der andere Spieler darf das Zahlwort mit einer oder mehreren Karten zu einem neuen Zahlwort erweitern. Nach jedem Spielzug werden die Handkarten wieder auf fünf Karten ergänzt. Es wird abwechselnd gespielt, bis kein Spieler mehr anlegen kann. Wer zuletzt etwas anlegen konnte, darf die ausliegenden Karten zu sich nehmen und ein neues Zahlwort beginnen.
Das Spiel endet, wenn keine Karten mehr auf dem Stapel sind oder kein Spieler mehr ein Zahlwort legen kann. Gewonnen hat, wer die meisten Karten erspielen konnte.

1 Zahlen mit Zahlenrahmen und Zahlenkarten (Beilagen 1 und 2) legen und Sprechweise der Zahlen analog zum Legen thematisieren **2** Zahlenkarten (Beilagen 1 und 2) verwenden **4** Ggf. Kopiervorlage nutzen **5** Zahlwortkarten-Spiel (Beilagen 3 und 4) verwenden

Beachte:
10 E = 1 Z
10 Z = 1 H
10 H = 1 T
10 T = 1 ZT
10 ZT = 1 HT
10 HT = 1 M

2 Fasse die Stellenwerte zusammen. Beispiel: *a) 3T 17H 5Z 2E = 4T 7H 5Z 2E = 4752*

a) 3T 17H 5Z 2E
7T 1H 12Z 6E
9T 3H 9Z 10E

b) 3ZT 1T 9H 9Z 12E
15ZT 7H 1E
10HT 10T 9Z 1E

c) 8HT 17ZT 28T 9H 10E
16ZT 16T 16H 16Z 16E
9HT 9ZT 10T 9H 9Z 10E

3 Schreibe immer die nächsten drei Zahlen auf. Beispiel: *a) 572, 573, 574, 575*

a)   572
3572
23572

b)   139
7139
57139

c)   498
9498
109498

d)   9997
49997
349997

e) 499999
999988
123459

f) 393938
339398
333998

4 Schreibe jede Zahl mit ihrem Vorgänger und Nachfolger auf. Beispiel: *a) 454, 455, 456*

a)   455
6455
10455

b)   899
27899
5899

c)   679
30679
299679

d)   999
9999
99999

e)   6000
16000
160000

f)   10000
100000
1000000

5 Schreibe jede Zahl mit ihren Nachbarzehnern, Nachbarhundertern und Nachbartausendern auf.

a) 12764   b)   37487
c) 34503   d) 116299
e) 10702   f) 999991

S.19 Nr.5
a) 12760 < 12764 < 12770
12700 < 12764 < 12800
12000 < 12764 < 13000

6 Ordne der Größe nach. Beginne mit der kleinsten Zahl. Verwende <.

a) 37124   34172
371421
27341   24731

b) 50900   95005
500905
90050   59950

c) 222111   212121
122112
222222   211211

7 Schreibe sechs Ziffern in dein Heft. Dabei dürfen die Ziffern auch mehrfach vorkommen. Bilde daraus sechs verschiedene sechsstellige Zahlen. Dein Partner ordnet sie nach der Größe. Wechselt euch ab.

Zahlen bis 1 000 000 am Zahlenstrahl

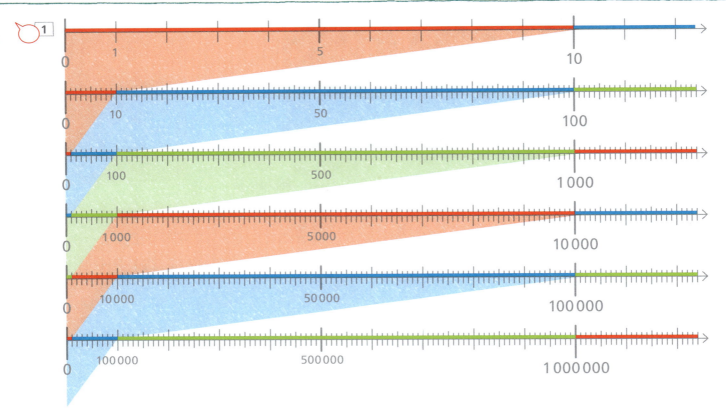

2 a) Zeigt an mindestens einem Zahlenstrahl, wo die Zahlen liegen.

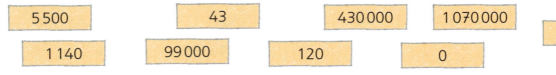

5 500	43	430 000	1 070 000	1
1 140	99 000	120	0	

b) Stellt euch gegenseitig weitere Suchaufgaben.

3 Welche Zahlen gehören zu den Buchstaben? Überlegt zunächst, wie groß die Schritte sind.

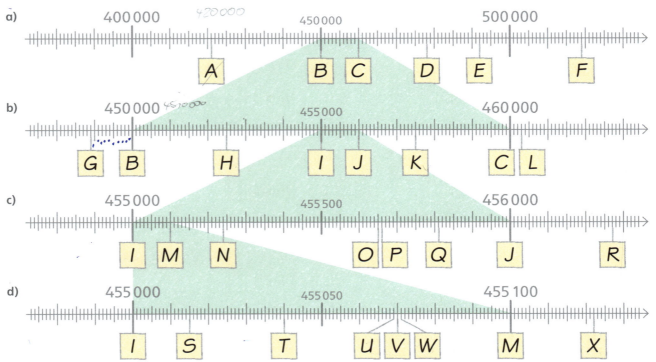

a) 400 000 · 420 000 · 450 000 · 500 000
A B C D E F

b) 450 000 · 450 000 · 455 000 · 460 000
G B H I J K C L

c) 455 000 · 455 500 · 456 000
I M N O P Q J R

d) 455 000 · 455 050 · 455 100
I S T U V W M X

Zahlen runden

 1 a) Rundet die Zahl 245 817

auf Zehner:

$$245\,8\underline{1}7 \approx 245\,8\underline{2}0$$

auf Hunderter:

$$245\,\underline{8}17 \approx 245\,\underline{8}00$$

auf Tausender:

$$245\,\underline{8}17 \approx 246\,000$$

auf Zehntausender:

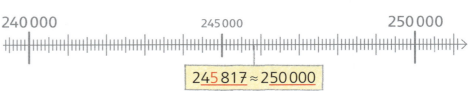

$$24\underline{5}\,817 \approx 250\,000$$

auf Hunderttausender:

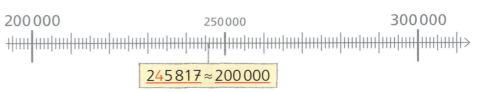

$$2\underline{4}5\,817 \approx 200\,000$$

b) Ergänzt die Rundungsregeln.

Ich unterstreiche die Stelle, auf die ich runden will. Ist die Ziffer rechts daneben eine 0, 1, 2, 3 oder 4, runde ich … Ist die Ziffer rechts daneben eine 5, 6, 7, 8 oder 9, runde ich …

 2 Runde die Zahlen

a) auf Zehner.

b) auf Hunderter.

c) auf Tausender.

d) auf Zehntausender.

e) auf Hunderttausender.

| 176 283 | 333 555 | 51 774 |

| 819 472 | 495 140 |

| 213 600 |

Knobelaufgabe

Ein Fährmann soll einen Wolf, eine Ziege und einen Kohlkopf ans andere Ufer bringen. In seinem Boot ist nur Platz für ihn und einen Mitfahrer. Außerdem muss der Fährmann dafür sorgen, dass der Wolf nicht die Ziege und die Ziege nicht den Kohlkopf frisst.

Wie muss er jeweils sein Boot beladen, um alle ans andere Ufer zu transportieren?

3 Auf welchen Stellenwert wurde gerundet?

a) 500 000   b) 126 800   c) 681 540   d) 94 000

e) 371 000   f) 840 000   g) 738 200   h) 900 030

 4 Das Einfamilienhaus der Familie Knoll hat rund 180 000 € gekostet. Wie viel Euro könnte das Haus genau gekostet haben?

| 184 700 € | 167 900 € | 176 200 € | 181 500 € |

1 Rundungsregeln erkennen und besprechen; Anzahl der Nullen in Abhängigkeit zum Rundungswert thematisieren
3, 4 Mehrere Lösungen sind möglich

21

Geodreieck – senkrecht und parallel

1 Untersucht das Geodreieck.

Mit dem Faltwinkel erkenne ich rechte Winkel.

2 Rechte Winkel zeichnen

Zeichnet mit dem Geodreieck eine rote Linie auf Zeichenpapier. Legt die Mittelsenkrechte des Geodreiecks genau passend auf die rote Linie und zeichnet eine weitere Linie.

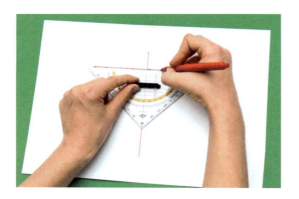

3 Parallele Linien zeichnen

Zeichnet mit dem Geodreieck eine rote Linie auf Zeichenpapier. Legt eine der parallelen Linien des Geodreiecks genau passend auf die rote Linie und zeichnet eine weitere Linie.

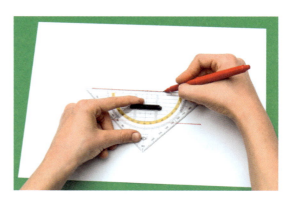

4 a) Zeichne auf Zeichenpapier parallele Linien mit verschiedenen Abständen.

b) Zeichne auf Zeichenpapier rechte Winkel in unterschiedlichen Lagen.

5 a) Beschreibt den Verlauf der Linien. Prüft mit dem Geodreieck. Verwendet die Begriffe aus dem Merkkasten.

b) Schreibt auf:
Welche Geraden sind parallel zueinander?
Beispiel: *a ist parallel zu ...*
Welche Geraden stehen senkrecht aufeinander?
Beispiel: *a steht senkrecht auf ...*

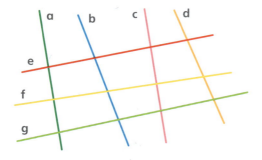

Gerade	g
parallel zueinander	|||
senkrecht aufeinander	
Schnittpunkt	P
rechter Winkel	

1 Kennenlernen des Geodreiecks; Begriffe wie rechte Winkel, parallele Linien, Mittelsenkrechte und Zentimeterangaben thematisieren. Ggf. den Faltwinkel herstellen und zur Überprüfung der rechten Winkel nutzen
5 Begriffe des Merkkastens klären und zum Beschreiben der Linien verwenden

6 Zeichne mit dem Geodreieck eine Gerade g auf Zeichenpapier. Markiere auf der Geraden drei beliebige Punkte A, B und C. Zeichne durch jeden Punkt eine Gerade, die senkrecht auf der Geraden g steht.

7 Zeichne mit dem Geodreieck eine Gerade g auf Zeichenpapier. Markiere unter der Geraden drei beliebige Punkte D, E und F. Zeichne durch jeden Punkt eine Gerade, die senkrecht auf der Geraden g steht.

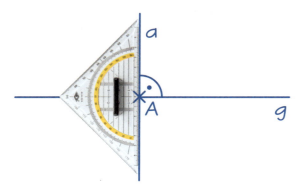

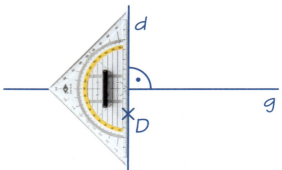

8 Zeichne mit dem Geodreieck eine Gerade g auf Zeichenpapier. Markiere über und unter der Geraden drei beliebige Punkte H, I und J. Zeichne durch jeden Punkt eine Gerade, die parallel zur Geraden g ist.

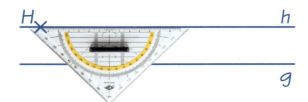

9 Zeichne parallele Geraden mit dem angegebenen Abstand auf Zeichenpapier.

a) 3 cm   b) 1 cm   c) 40 mm   d) 25 mm   e) 6,5 cm   f) 92 mm

10 Zeichne Rechtecke auf Zeichenpapier.

a) Länge: 5 cm
   Breite: 2 cm

b) Länge: 3 cm
   Breite: 4 cm

c) Länge: 3,5 cm
   Breite: 5,5 cm

d) Länge: 4,2 cm
   Breite: 3,6 cm

11 Übertrage die Figuren möglichst genau auf Zeichenpapier.

a)
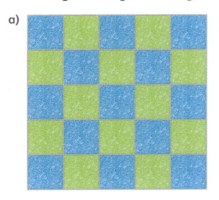

b)
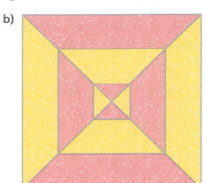

c)
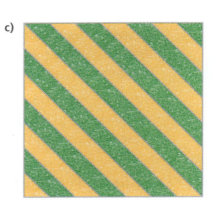

12 Erfinde eigene Figuren mit parallelen Linien und rechten Winkeln.

2 Markiere jeweils die Punkte mit der Zeichenuhr und verbinde sie in der angegebenen Reihenfolge.

a) A3, C4, F4, A3

b) A2, D1, D2, A1, A2

c) F3, B2, C3, E2, F3

d) A4, B3, D4, E3, A4

e) G1, G3, H1, H3, I1, I3, G1

f) 8, 23, 38, 53, 8

3 Untersuche die Formen aus Aufgabe 2 mit dem Geodreieck.

a) Markiere rechte Winkel mit ⌐.

b) Färbe parallele Seiten in derselben Farbe.

c) Benenne die Formen.

Quadrat Dreieck Parallelogramm Sechseck Rechteck

4 Zeichne die Formen mit der Zeichenuhr. Suche dazu passende Eckpunkte und notiere sie.

a) Dreiecke

b) Vierecke

c) Sechsecke

d) Quadrate

e) Rechtecke

f) Parallelogramme

5 a) Markiere die Punkte 0, 12, 24, 36, 48 mit der Zeichenuhr.
Verbinde sie in der Reihenfolge 0, 12, 24, 36, 48, 0.
Welche Form erhältst du?

b) Markiere nochmals die Punkte 0, 12, 24, 36, 48 mit der Zeichenuhr.
Verbinde sie in der Reihenfolge 0, 36, 12, 48, 24, 0.
Welche Form erhältst du jetzt?

6 Markiere die Punkte A1, C2, D2, G3, I3.
Wie musst du die Punkte verbinden, damit ein Haus entsteht?

7 Erfinde für deinen Partner Aufgaben mit der Zeichenuhr.

1 Aufbau und Handhabung der Zeichenuhr besprechen
2, 4–7 Ggf. Blanko-Papier verwenden
1, 2, 4–7 Zeichenuhr (Beilage 5) verwenden

Darstellung großer Zahlen

Landeshauptstadt	Autokennzeichen	Einwohnerzahl
Stuttgart	S	591 015
München	M	1 364 920
Berlin	B	3 326 002
Potsdam	P	157 603
Bremen	HB	544 043
Hamburg	HH	1 718 187
Wiesbaden	WI	270 952
Schwerin	SN	91 327
Hannover	H	509 485
Düsseldorf	D	589 649
Mainz	MZ	201 002
Saarbrücken	SB	176 497
Dresden	DD	517 765
Magdeburg	MD	228 910
Kiel	KI	237 667
Erfurt	EF	201 952

a) In welchen Städten wohnen die Kinder?

> Meine Stadt hat die wenigsten Einwohner.
>
> — Thea

> Meine Stadt hat weniger Einwohner als Erfurt, aber mehr Einwohner als Saarbrücken.
>
> — Jan

> Meine Stadt hat ungefähr dreihunderttausend Einwohner.
>
> — Lara

> Meine Stadt ist die Landeshauptstadt des größten Bundeslandes.
>
> — Tim

b) Erfinde für deinen Partner eigene Stadt-Rätsel.

2 Runde die Einwohnerzahlen von fünf Landeshauptstädten auf Hunderttausender und stelle sie symbolisch dar.

⚇ eine Million Einwohner

⚇ einhunderttausend Einwohner

> S. 25 Nr. 2
> M: 1 400 000   ⚇ ⚇⚇⚇⚇

3 Runde die Einwohnerzahlen der fünf Landeshauptstädte mit den wenigsten Einwohnern auf Zehntausender. Zeichne ein Säulendiagramm zu diesen Städten. Ein Kästchen soll für 20 000 Einwohner stehen.

4 Findet die Einwohnerzahlen zu

a) drei größeren Städten in eurem Bundesland,

b) eurem Wohnort und drei benachbarten Orten.

5 Zeichne zu Aufgabe 4a) und 4b) jeweils ein Säulendiagramm zu den Einwohnerzahlen. Du darfst die Einwohnerzahlen auch runden. Bestimme selbst, wie viele Einwohner für ein Kästchen stehen sollen.

Rechnen mit Stellenwertzerlegungen

1

2 Denke an die kleine Aufgabe.

a) $46\,000 + 33\,000$
   $24\,000 + 17\,000$
   $59\,000 + 26\,000$

b) $196\,000 - 18\,000$
   $354\,000 - 45\,000$
   $272\,000 - 28\,000$

c) $57\,000 + \ 57\,000 + \ 57\,000$
   $82\,000 + \ 71\,000 - \ 70\,000$
   $124\,000 + 124\,000 + 124\,000$

3 Schreibe beide Zahlen in eine Stellenwerttabelle und rechne.

a) $713\,250 + \quad 2\,100$

b) $\quad 41\,808 + \quad 11\,000$

c) $662\,660 + \quad 20\,007$

d) $\quad 94\,252 + \quad 4\,030$

e) $\quad 10\,635 + 751\,005$

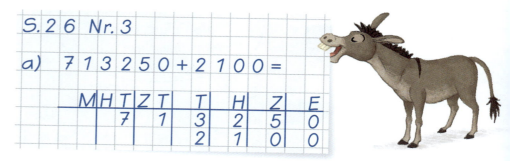

4 Unterstreiche zuerst die Stellen, an denen sich etwas ändert.
Schreibe so: *a) 45 200 + 460 = 45 660*

a) $\quad 45\,200 + \quad 460$
   $\quad 16\,450 + \quad 300$
   $277\,831 + 1\,000$

b) $\quad 81\,140 + \quad 530$
   $337\,810 + \quad 160$
   $\quad 52\,070 + 5\,010$

c) $\quad 27\,930 - \quad 520$
   $\quad 59\,414 - 1\,010$
   $146\,358 - 2\,008$

d) $\quad 87\,568 - \quad 220$
   $129\,954 - 1\,003$
   $\quad 54\,321 - 3\,210$

5 Zeichne die Rechenpläne in dein Heft und ergänze sie.

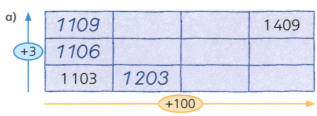
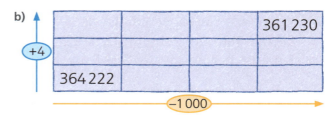

6 Finde zu jeder Zahl mindestens drei verschiedene Zerlegungen.

a) **27 468**   b) **3 001**   c) **604 002**   d) **1 000 000**

Rechentricks bei Addition und Subtraktion

1

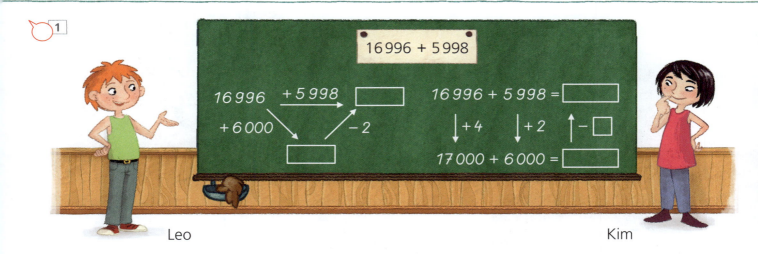

16 996 + 5 998

16 996   +5 998 ☐

+6 000   −2

☐

16 996 + 5 998 = ☐

↓+4   ↓+2   ↑−☐

17 000 + 6 000 = ☐

Leo   Kim

2 Rechne wie Leo oder Kim.

a) 36 996 + 5 998
    51 999 + 8 997
    32 256 + 6 995

b) 41 998 + 2 994
    25 293 + 9 999
    3 997 + 3 997

c)   59 995 + 19 998
    189 992 + 29 999
    347 727 + 69 998

3 Zeichne die Rechenpläne in dein Heft und ergänze sie.

a)

			66 331
33 333			

+2

+10 998

b)

55 753			
			61 546

+99

+1 997

4

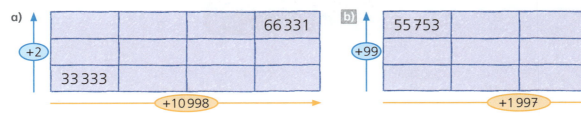

20 368 − 4 999

20 368   −4 999   ☐

− ☐   + ☐

☐

Leo

5 Rechne wie Leo.

a) 40 756 − 2 999
    37 445 − 1 998
    66 673 − 9 994
    70 000 − 8 991

b) 743 320 −   49 997
    107 742 −   39 990
    699 993 − 399 996
    444 035 −   33 989

6 Setze die Zahlenfolgen fort. Wie heißt die Regel?

a) 27 455, 27 554, 27 653, … 28 346

b) 81 666, 80 667, 79 668, … 72 675

c) 449 378, 459 376, 469 374, … 539 360

d) 374 520, 354 524, 334 528, … 194 556

S. 27 Nr. 6

a) 27 455,   27 554,

    Regel: immer + 99

7 Denke dir eine eigene Zahlenfolge aus. Dein Partner setzt sie fort. Wechselt euch ab.

Gewichte – Tonne, Kilogramm und Gramm

1 Tonne = 1000 Kilogramm
1 t = 1000 kg

 2

Karpfen 26 kg

Orca 3 480 kg

Seekuh 893 kg

Walhai 10 080 kg

Europäischer Hummer 4 kg

Blauwal 128 000 kg

a) Zeichne eine Tabelle und trage die Gewichtsangaben der Tiere ein.

Tier	kg	t	kg	t
Karpfen	26 kg	0 t	26 kg	0,026 t

b) Ordne die Gewichtsangaben der Größe nach. Beginne mit dem kleinsten Gewicht. Verwende <.

3 Schreibe auf drei Arten. Beispiel: *a) 4 320 kg = 4 t 320 kg = 4,320 t*

a) 4 320 kg   **b)** 36 t 67 kg   **c)** 3,983 t   **d)** 6,350 t   **e)** 0,060 t
     12 084 kg   5 t 152 kg   61,070 t   2 t 74 kg   3 kg

4 Schreibe auf drei Arten. Beispiel: *a) 29 g = 0 kg 29 g = 0,029 kg*

a) 29 g   **b)** 4 kg 900 g   **c)** 6,019 kg   **d)** 43,300 kg   **e)** 21,005 kg
     18 400 g   35 kg 8 g   0,720 kg   60 kg 77 g   9 480 g

5 Ordne die Werte richtig zu und schreibe die Sätze auf. Ein Wert bleibt übrig.

a) Ein Mann wiegt ungefähr …

b) Eine Eisenbahnlok wiegt ungefähr …

c) Ein voller Wassereimer wiegt ungefähr …

d) Ein Motorrad wiegt ungefähr …

e) Eine Giraffe wiegt ungefähr …

`10 kg`   `300 kg`   `1 t`   `120 t`   `85 kg`   `1 000 g`

1 Vergleichsgrößen für 1 Tonne kennenlernen
2–4 Ggf. das Weglassen der letzten Null(en) hinter dem Komma thematisieren

Längen – Kilometer, Meter, Zentimeter und Millimeter

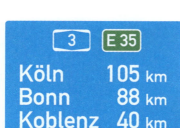

1 km = 1000 m

2 **a)** Zeichne eine Tabelle und trage die Entfernungsangaben aus Aufgabe 1 ein.

Länge in km und m	Kilometer			Meter			Länge in km
	100 km	10 km	1 km	100 m	10 m	1 m	
0 km 800 m			*0*	*8*	*0*	*0*	*0,800 km*

b) Ordne die Entfernungsangaben der Länge nach. Beginne mit der größten Entfernung. Verwende >.

3 Schreibe auf drei Arten. Beispiel: *a) 4 008 m = 4 km 8 m = 4,008 km*

a) 4 008 m
36 400 m

b) 7 km 50 m
22 km 464 m

c) 0,355 km
3,840 km

d) 731 m
0 km 6 m

e) 71,4 km
7 km 14 m

4 Wandle in die angegebene Einheit um. Beispiel: *a) 8 124 m = 8,124 km*

a) km
8 124 m
930 m
12 075 m

b) m
3 708 cm
65 cm
440 cm

c) cm
130 mm
56 mm
5 862 mm

1 km	= 1 000 m
1 m	= 100 cm
1 cm	= 10 mm
1 m	= 0,001 km
1 cm	= 0,01 m
1 mm	= 0,1 cm

d) m
3,407 km
0,080 km
0,902 km

e) cm
16 m
4,75 m
0,30 m

f) mm
5 cm
0,6 cm
14,2 cm

5 Wandle in Millimeter um.

a) 53 cm   1,67 m   714 m   105,6 cm   **b)** 80,2 cm   1 km   0,53 km   280 cm

6 Familie Winter möchte neue Küchenschränke kaufen. Die Wand ist 3 m breit. Welche Schränke kann sie auswählen?

Unterschränke

mit Einlegeböden

in den Breiten
30 cm   40 cm   80 cm

mit Schubladen

in den Breiten
40 cm   60 cm   120 cm

1 Entfernungsangaben thematisieren;
ggf. das Weglassen der letzten Null(en) hinter dem Komma thematisieren
6 Lösungsweg und passenden Antwortsatz im Heft notieren; mehrere Lösungen sind möglich

29

1 Schreibe in eine Stellenwerttabelle und als Zahl.

a) 7E 5HT 1ZT 6T 3H
8T 9E 5H
3HT 6ZT 2E 4H

b) 600 000 + 10 000 + 6
30 000 + 600 + 70 + 8
9 + 500 000 + 20 000

c) 9ZT 6E 4HT 8Z
200 + 400 000 + 8
5H 7ZT 3HT 5E 9T

2 Schreibe jede Zahl mit ihrem Vorgänger und Nachfolger auf.

a) 1 376
13 376
133 376

b) 809
29 809
299 809

c) 5 000
50 000
500 000

d) 6 443
16 443
164 443

e) 499
4 999
49 999

3 Schreibe jede Zahl mit ihren Nachbarzehnern, Nachbarhundertern und Nachbartausendern auf.

a) 17 679

b) 307 865

c) 5 841

d) 689 807

4 Welche Zahlen gehören zu den Buchstaben?

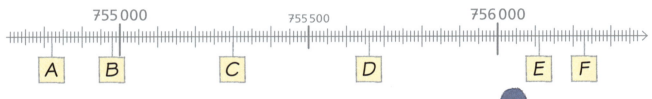

5 Zeichne mit dem Geodreieck auf Zeichenpapier

a) drei parallele Geraden, die jeweils einen Abstand von 3 cm haben,

b) zwei Geraden, die senkrecht aufeinanderstehen,

c) ein Rechteck mit der Breite 3 cm und der Länge 5 cm.

6 a) 84 000 + 22 000
13 000 + 39 000
168 000 + 17 000

b) 252 000 − 36 000
89 000 − 44 000
191 000 − 68 000

c) 12 840 + 1 100
28 934 − 3 200
31 865 + 10 104

7 Rechne mit Rechentrick.

a) 41 679 + 3 998
2 903 + 1 999
37 086 + 5 998

b) 38 746 − 3 999
45 978 − 1 998
787 654 − 2 999

c) 577 423 + 69 999
879 548 − 49 998
187 688 + 599 999

8 Wandle in die angegebene Einheit um.

a) t	b) kg	c) km	d) m	e) cm
6 573 kg	390 g	80 m	8 cm	518 mm
489 kg	14 506 g	1 463 m	430 cm	3 mm
17 kg	76 g	25 055 m	1 007 cm	51 mm

Nachdenken und vertiefen

1 Bilde mit den vorgegebenen Zahlwortkarten möglichst viele Zahlen, die größer als 999 sind. Für eine Zahl darfst du jede Karte nur einmal verwenden. Schreibe als Zahlwort und als Zahl.

zehn   zig   vier   tausend   sech   hundert   neun

2 Setze passende Zahlen ein.

a) 3000 > ◼ > ◼ > 2845

◼ > 12 364 > ◼ > 11 972

◼ > ◼ > 356 555 > ◼

b) 7 037 < ◼ < ◼ < ◼

◼ < ◼ < ◼ < 26 098

◼ < 691 453 < ◼ < ◼

3

 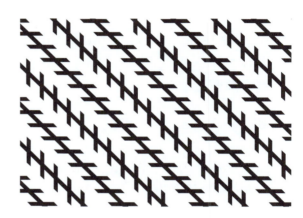

a) Sucht mit dem Geodreieck in beiden optischen Täuschungen parallele Linien, senkrecht aufeinanderstehende Linien und rechte Winkel.

b) Zeichne eine der beiden optischen Täuschungen mit deinem Geodreieck auf Zeichenpapier ab.

4 Ordne die Zahlen so, dass eine Zahlenfolge entsteht. Setze die Folge mit mindestens sechs Zahlen fort.

a) 23 738, 15 738, 19 738, 17 738, 21 738

b) 403 276, 353 276, 303 276, 503 276, 453 276

c) 924, 1 000, 78 746, 1 076, 79 146, 78 946

d) 10 008, 909 998, 9 998, 819 998, 10 018, 999 998

5 In einer Lagerhalle stehen Fässer, große Kisten und kleine Kisten. Herr Ficht darf seinen Transporter höchstens mit 1 t beladen. Er möchte seinen Transporter möglichst schwer beladen.

a) Er nimmt nur Kisten mit.

b) Er nimmt von jeder Art mindestens zwei mit.

c) Er stellt seine Ladung aus Fässern zu 90 kg und aus Kisten zu 80 kg zusammen.

1 Zahlwortkarten (Beilagen 3 und 4) verwenden
2, 4, 5 Mehrere Lösungen sind möglich
5 Frage, Lösungsweg und passenden Antwortsatz im Heft notieren

31

1 Schreibe stellengerecht untereinander und addiere schriftlich.
Die Ergebnisse in jedem Päckchen haben etwas gemeinsam.

a) 398 517 + 478 026
667 193 + 98 239
759 426 + 228 228

b) 159 637 + 324 847
76 395 + 768 053
358 109 + 486 735

c) 485 162 + 448 771
89 574 + 303 819
777 777 + 161 556

2 Addiere schriftlich. Rechne immer mindestens drei Aufgaben.

a) Verwende zwei Zahlen.

b) Verwende drei Zahlen.

c) Verwende beliebig viele Zahlen.

203 841   77 577   6 958
346 265   39 419   418 632
180 967   98 470

3 Ergänze die fehlenden Ziffern und Überträge.

a)   4 6 3 7 2 5
+ ■ ■ ■ ■ ■ ■
——————
8 1 9 2 6 3

b)   3 ■ ■ 7 9
+ ■ 8 4 ■ ■
——————
1 0 0 0 0 0

c)   2 6 8 ■ 7 ■
+ ■ 3 1 5 2 6
——————
1 0 ■ 0 ■ 0

4 Schreibe stellengerecht untereinander und subtrahiere schriftlich.
Die Ergebnisse in jedem Päckchen haben etwas gemeinsam.

a) 637 749 − 354 921
378 144 − 95 862
738 495 − 509 613

b) 900 224 − 189 053
824 991 − 653 280
981 997 − 864 286

c) 763 076 − 306 287
310 501 − 75 934
974 909 − 851 453

5 Subtrahiere schriftlich. Rechne immer mindestens drei Aufgaben.

a) Verwende zwei Zahlen.

b) Subtrahiere eine Zahl von 1 000 000.

683 425   71 570   694 352
794 516   694 352
649 708   67 864   728 941

6 Ergänze die fehlenden Ziffern und Überträge.

a)   6 3 4 7 6 2
− ■ ■ ■ ■ ■ ■
——————
1 8 2 0 9 5

b)   1 0 0 0 0 0 0
− ■ 6 ■ 5 2 ■
——————
5 ■ 6 ■ ■ 2

c)   ■ 5 4 ■ 8 3
− 2 ■ 4 8 ■ 6
——————
6 5 ■ 3 0 ■

7 Findet die Fehler. Erklärt, was falsch gemacht wurde und rechnet richtig.

a)
```
  6 3 5 2 0 9
+ 2 4 7 8 4 5
    1     1
——————————
  8 8 2 0 5 4
```

b)
```
  8 2 8 4 3 5
- 1 9 4 7 2 7
——————————
  7 7 4 3 1 2
```

c)
```
  4 2 1 8 5
+   4 8 3
      1 1
——————————
  4 7 0 1 5
```

1b, c und 4a, b Ergebnisse bestehen jeweils aus zwei verschiedenen Ziffern
1a und 4c Ergebnisse bestehen jeweils aus einer absteigenden oder aufsteigenden Ziffernfolge

9 Überschlage zuerst, dann rechne genau. Vergleiche dein Ergebnis mit dem Überschlag.

a) 593 525 + 295 141
543 361 + 345 638
480 077 + 408 367

b) 702 536 − 288 395
910 190 − 556 655
813 114 − 530 286

c) 189 411 + 518 296
791 973 − 185 367
953 064 − 649 761

10 Rechne im Kopf oder schriftlich. Entscheide bei jeder Aufgabe neu.

a) 506 003 + 9 998
83 985 + 15 341
791 997 + 463

b) 853 428 − 49 999
281 004 − 65 087
794 333 − 2 005

c) 423 001 − 221 888
63 997 + 639 997
911 220 − 8 994

11 Überschlage zuerst, dann rechne genau.

a) Herr Kussner bestellt sich für sein Heimkino einen 3-D-Fernseher mit 152 cm Bildschirmdiagonale. Er kostet 1 483,90 €. Außerdem kauft er einen 3-D-Beamer für 1 303,99 €.

b) Familie Schuster kauft ein Auto für 28 275,61 €. Das gleiche Auto kostet bei einem anderen Händler 31 090,87 €.

12 Frau Heise hat 25 000 € im Lotto gewonnen. Sie macht mit ihrem Mann eine Reise für insgesamt 8 500 €. Ihrer Mutter schenkt sie eine Couch für 2 750 €.

Ich rechne zweimal minus.

Ich rechne erst zusammen, was Frau Heise für die Reise und die Couch bezahlen muss.

13 a) 83 200 − 36 700 − 21 800
100 000 − 5 700 − 87 600
95 600 − 13 900 − 76 300

b) 503 000 − 168 000 − 200 000
900 000 − 753 000 − 98 000
820 000 − 308 000 − 366 000

8 verschiedene Möglichkeiten des Überschlagrechnens thematisieren
11, **12** Frage, Lösungsweg und passenden Antwortsatz im Heft notieren

33

Airbus A 380-800

max. Passagieranzahl	526
durchschnittliche Geschwindigkeit	1 041 km in der Stunde
Leergewicht	286 300 kg
max. Startgewicht	560 000 kg
max. Landegewicht	391 000 kg
Tankkapazität	324 375 l (259 500 kg)
max. Gewicht für Verpflegung	9 500 kg
Gewichtsangaben pro Person:	
Crewmitglied (inkl. Gepäck)	90 kg
Passagier (inkl. Handgepäck)	81 kg
Gepäck pro Passagier	15 kg

Boeing 747-400

max. Passagieranzahl	352
durchschnittliche Geschwindigkeit	1 053 km in der Stunde
Leergewicht	181 600 kg
max. Startgewicht	394 625 kg
max. Landegewicht	285 763 kg
Tankkapazität	215 937 l (172 750 kg)
max. Gewicht für Verpflegung	6 500 kg
Gewichtsangaben pro Person:	
Crewmitglied (inkl. Gepäck)	90 kg
Passagier (inkl. Handgepäck)	81 kg
Gepäck pro Passagier	15 kg

a) Woraus setzt sich das Startgewicht eines Flugzeuges zusammen?

b) Warum gibt es für Flugzeuge ein maximales Startgewicht?

c) Das maximale Startgewicht liegt deutlich über dem maximalen Landegewicht.
Diskutiert, wie ein Flugzeug vom Start bis zur Landung an Gewicht verlieren kann.

2 Berechne die Differenz aus dem maximalen Startgewicht und dem maximalen
Landegewicht bei beiden abgebildeten Flugzeugen.

3 Addiere zum Leergewicht jedes Flugzeuges das maximale Gewicht für Verpflegung und
das vorgesehene Gewicht für die Crewmitglieder.

a) Airbus A380-800: 22 Crewmitglieder   b) Boeing 747-400: 15 Crewmitglieder

4 Für 100 Passagiere werden von der Fluggesellschaft 8 100 kg eingeplant.
Mit welchem Gewicht wird bei 200, 300, 400 oder 500 Passagieren gerechnet?

5 Ein Airbus A380-800 soll mit 400 Passagieren,
der Crew und rund 2 000 kg Ladung starten.
Wie viel Kilogramm Kerosin können getankt werden?

6 Eine Boeing 747-400 hat 300 Passagiere, die Crew
und zusätzlich 11 400 kg Ladung an Bord.
Wie viel Kilogramm Kerosin können getankt werden?

7 Erfindet eigene Aufgaben zu den Flugzeugen
und stellt sie eurem Partner.

1 Flugzeuge und ihre Angaben vergleichen; Begriffe klären
5, 6 Ergebnisse und Angaben aus Aufgabe 3 und 4 können verwendet werden
4–6 Lösungsweg und passenden Antwortsatz im Heft notieren

Knobelaufgaben

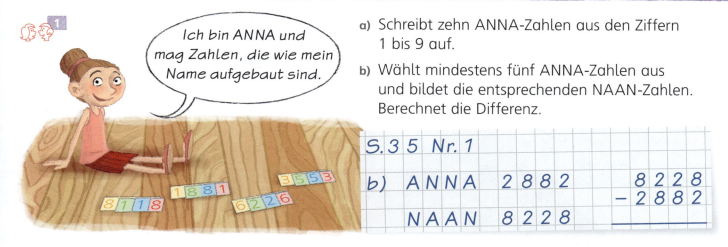

1

Ich bin ANNA und mag Zahlen, die wie mein Name aufgebaut sind.

a) Schreibt zehn ANNA-Zahlen aus den Ziffern 1 bis 9 auf.

b) Wählt mindestens fünf ANNA-Zahlen aus und bildet die entsprechenden NAAN-Zahlen. Berechnet die Differenz.

S. 35 Nr. 1				
b) ANNA 2882			8228	
			− 2882	
NAAN 8228				

c) Schreibt alle Ergebnisse aus Aufgabe 1b) der Größe nach auf. Beginnt mit dem kleinsten Ergebnis. Was fällt euch auf?

d) Findet Subtraktionsaufgaben aus ANNA- und NAAN-Zahlen, die dieselbe Differenz haben.

2
a) Welche Dreiecke seht ihr? Schreibt so: ACM, ...

b) Welche Quadrate seht ihr?

c) Welche Rechtecke seht ihr?

3 Richtig oder falsch?

a) BJMH ist genauso groß wie MFG.

b) BCDM ist genauso groß wie MKFL.

c) DEFKM ist genauso groß wie KFGM.

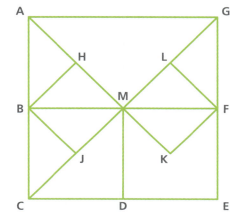

4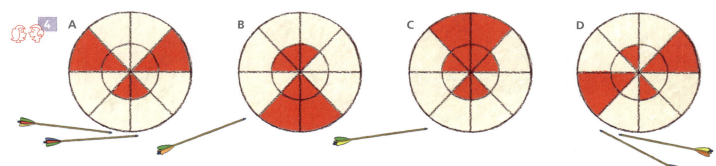

a) Bei welcher Scheibe hat der Pfeil die größte Chance, auf ein rotes Feld zu treffen? Begründet.

b) Bei welchen Scheiben ist die Chance gleich groß? Begründet.

5 Eine Schnecke will eine 1,50 m hohe Mauer überqueren. Jeden Tag kriecht sie 55 cm hoch und in der Nacht rutscht sie 30 cm ab.

a) Wie hoch ist die Schnecke nach 3 Tagen und 3 Nächten gekommen?

b) Am wievielten Tag erreicht sie die Oberkante der Mauer?

Flächeninhalt und Umfang

1

(Sprechblase links) *Der Umfang meiner Figur ist zwölf Streichhölzer lang.*

(Sprechblase rechts) *Der Flächeninhalt meiner Figur ist vier Streichholzquadrate groß.*

2 **a)** Lege die Figuren mit Streichhölzern nach.

A B C D E F G

b) Bestimme ihren Umfang und den Flächeninhalt. Schreibe in eine Tabelle.

Figur	Umfang in Streichholzlängen	Flächeninhalt in Streichholzquadraten
A	8	3

c) Welche Figuren haben den gleichen Umfang?

d) Welche Figuren haben den gleichen Flächeninhalt?

3 Spanne die Figuren nach. Bestimme den Flächeninhalt.

a) 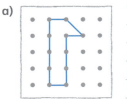   S. 36 Nr. 3 a) ☐ △ 4 1

b)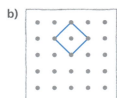

c)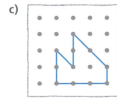

d)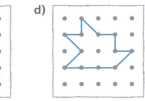

4 Spanne zu jeder Figur drei weitere Figuren, die den gleichen Flächeninhalt haben. Zeichne deine Figuren ins Heft.

a)

b)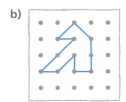

c)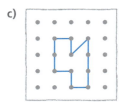

d)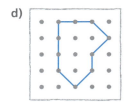

e)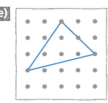

1 Über die Begriffe „Umfang" und „Flächeninhalt" sprechen
3, 4 Geo-Bretter verwenden; mehrere Lösungen sind möglich

Zentimeterquadrate

2 Lege die Figuren mit deinen Zentimeterquadraten aus. Bestimme den Umfang und den Flächeninhalt. Schreibe in eine Tabelle.

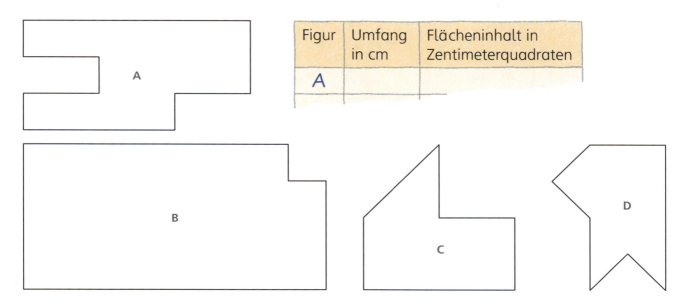

Figur	Umfang in cm	Flächeninhalt in Zentimeterquadraten
A		

3 **a)** Legt Figur **A** aus Aufgabe 2 mit euren Zentimeterquadraten nach. Fügt ein weiteres Zentimeterquadrat an einer beliebigen Stelle hinzu. Wie verändert sich der Umfang?

b) Findet drei weitere Möglichkeiten, das Zentimeterquadrat hinzuzufügen. Wie verändert sich jetzt der Umfang? Zeichnet eure Lösungen.

c) Stellt eure Lösungen vor.

4 Lege jeweils drei verschiedene Figuren mit dem vorgegebenen Flächeninhalt. Zeichne deine Figuren und miss jeweils den Umfang mit dem Lineal.

a) 9 Zentimeterquadrate **b)** 2 Zentimeterquadrate

c) 19 Zentimeterquadrate **d)** 21 Zentimeterquadrate

5 Zeichne ein Rechteck mit dem vorgegebenen Flächeninhalt und bestimme den Umfang.

a) 36 Zentimeterquadrate **b)** 12 Zentimeterquadrate

c) 14 Zentimeterquadrate **d)** 13 Zentimeterquadrate

6 Lege eine Figur, deren Umfang 16 cm lang ist und deren Flächeninhalt aus 8 Zentimeterquadraten besteht. Zeichne sie in dein Heft.

1 Über den Begriff „Zentimeterquadrat" sprechen
2–4 Zentimeterquadrate (Beilage 5) verwenden
3c Veränderungen des Umfangs thematisieren

37

1 Einmaleins-Rosette

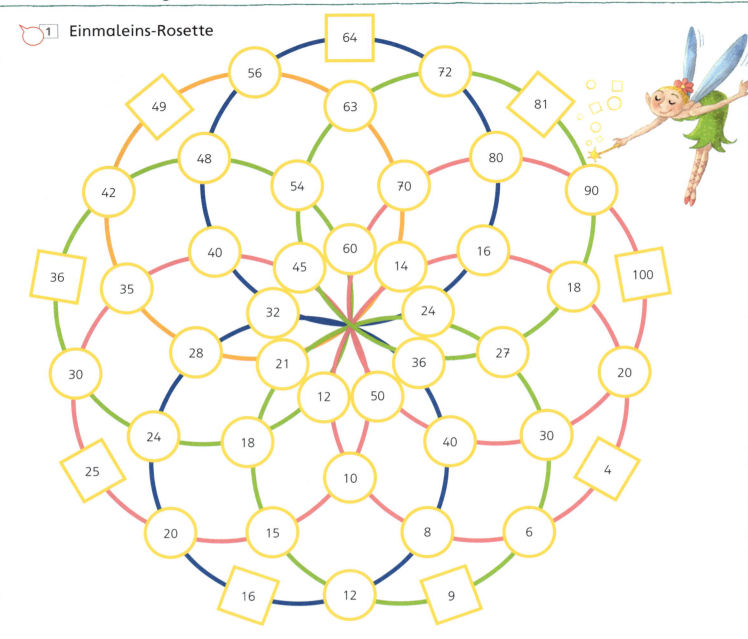

2 Übt zusammen mit der Einmaleins-Rosette:

Ein Kind legt ein Plättchen auf eine Zahl. Das andere Kind sagt so schnell wie möglich die dazu gehörende Multiplikationsaufgabe aus dem kleinen Einmaleins. Dann sucht es die nächste Zahl in der Einmaleins-Rosette aus.

3 Einmaleins-Rosetten-Spiel

Material: ein Würfel, zwei Spielfiguren und 15 Plättchen

Spielregeln: Beide Spieler legen alle Plättchen auf verschiedene Zahlenfelder. Jeder Spieler stellt seine Spielfigur auf ein freies Feld. Die Spieler würfeln abwechselnd und ziehen mit ihrer Figur um die gewürfelte Augenzahl von Feld zu Feld entlang der Linien. Kommt ein Spieler auf ein abgedecktes Feld, gewinnt er das Plättchen, wenn er eine zum Feld passende Multiplikationsaufgabe mit ihrem Ergebnis sagen kann.
Wer die meisten Plättchen gesammelt hat, gewinnt das Spiel.

4 Spielt das Spiel allein, um das kleine Einmaleins zu üben.

Stellenwertanalogien bei der Multiplikation

1

> Wie viele Zehntausender brauche ich für 1 Million?

2 a) Wie viele Z brauchst du für 1 T, 1 ZT oder 1 HT? Schreibe so: *a)* 1 T = 100 Z
　　b) Wie viele H brauchst du für 1 T, 1 HT oder 1 M?　　　　　　　 1000 = 100 · 10
　　c) Wie viele ZT brauchst du für 1 M oder 1 HT?

3 Zeichne die Tabellen in dein Heft und ergänze sie.

a)

·	100	1 000
10		
100		
1 000		

b)

·	20	600
10		
100		
1 000		

c)

·	100	10 000
3		
30		
300		

4 a) 200 · 3 000
　　b) 70 · 4 000
　　c) 500 · 600
　　d) 30 000 · 30
　　e) 8 000 · 80

> S. 39 Nr. 4
>
> a) 200 $\xrightarrow{\cdot 3000}$ 600 000
>
> · 3   · 1 000
>
> 600

> 2 · 3 · 100 · 1 000

5 a)　　5 ·　7
　　　　 50 ·　7
　　　　 50 ·　70
　　　　500 · 700

b)　　 3 ·　　8
　　　300 ·　　8
　　　 3 ·　800
　　　30 · 8 000

c) 6 000 ·　　7
　　600 · 700
　　　6 ·　7
　　800 ·　90

d)　　90 ·　　300
　　　 4 · 20 000
　　100 · 50 000
　8 000 · 70 000

6 Setze fort.

a)　　200 · 400
　　　300 · 400
　　　400 · 400

b)　　2 · 300 000
　　　20 ·　30 000
　　　200 ·　 3 000

c)　　1 · 20
　　　20 · 20
　　　400 · 20

1 Über den Zusammenhang zwischen den Zehnerpotenzen sprechen
4 Trick mit dem Anhängen von Nullen thematisieren und begründen
6 Regelmäßige Päckchen: Gesetzmäßigkeiten erkennen und Aufgabenserie um mindestens zwei weitere Aufgaben ergänzen

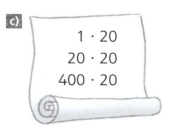

39

Vorbereitung der schriftlichen Multiplikation

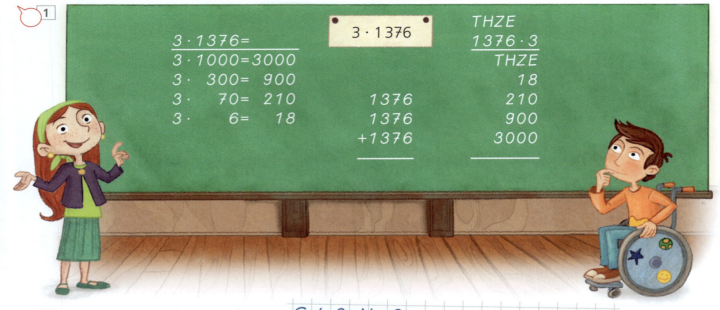

1

$3 \cdot 1376 =$ _____

$3 \cdot 1000 = 3000$

$3 \cdot 300 = 900$

$3 \cdot 70 = 210$

$3 \cdot 6 = 18$

$3 \cdot 1376$

1376
1376
+1376
_____

THZE
$1376 \cdot 3$
_____
THZE
18
210
900
3000
_____

2 Rechne jede Aufgabe auf zwei Arten wie im Beispiel.

a) $3 \cdot 2456$

b) $4 \cdot 1196$

c) $3 \cdot 2882$

d) $6 \cdot 1234$

e) $5 \cdot 849$

 f) $76923 \cdot 13$

S. 40 Nr. 2

a)
```
  2 4 5 6
  2 4 5 6
+ 2 4 5 6
  ‾‾‾‾‾‾‾
  1 1 1
  7 3 6 8
```

THZE
$2456 \cdot 3$
THZE
18
150
1200
6000
_____
7368

3 a) $6000 \cdot 3$ b) $7 \cdot 9$ c) $3000 \cdot 6$ d) $2 \cdot 5$ e) $60 \cdot 8$

$6700 \cdot 3$ $47 \cdot 9$ $3300 \cdot 6$ $32 \cdot 5$ $2060 \cdot 8$

$6720 \cdot 3$ $247 \cdot 9$ $3320 \cdot 6$ $432 \cdot 5$ $2064 \cdot 8$

$6729 \cdot 3$ $3247 \cdot 9$ $3326 \cdot 6$ $5432 \cdot 5$ $2664 \cdot 8$

4 Erfinde eigene Päckchen wie in Aufgabe 3.

a) Die letzte Aufgabe im Päckchen soll $1125 \cdot 8$ sein.

b) Die letzte Aufgabe im Päckchen soll $3456 \cdot 2$ sein.

5 Ergänzt die fehlenden Ziffern.

a) $756 \cdot 4 = 302$▧

$1937 \cdot 5 = 968$▧

$6639 \cdot 7 = 4647$▧

$3658 \cdot 8 = 2926$▧

b) $3734 \cdot 7 = 261$▧▧

$8694 \cdot 7 = 608$▧▧

$2454 \cdot 7 = 171$▧▧

$7924 \cdot 7 = 554$▧▧

c) $9216 \cdot 4 = 368$▧4

$2456 \cdot 4 = 98$▧4

$3366 \cdot 4 = 134$▧4

$4146 \cdot 4 = 165$▧4

6 Erfindet ein Aufgabenpäckchen wie in 5c) und schreibt es auf ein Plakat. Erklärt auf dem Plakat, wie ihr solche Päckchen schnell rechnen könnt. Stellt eure Plakate der Klasse vor.

1

$$1376 \cdot 3$$

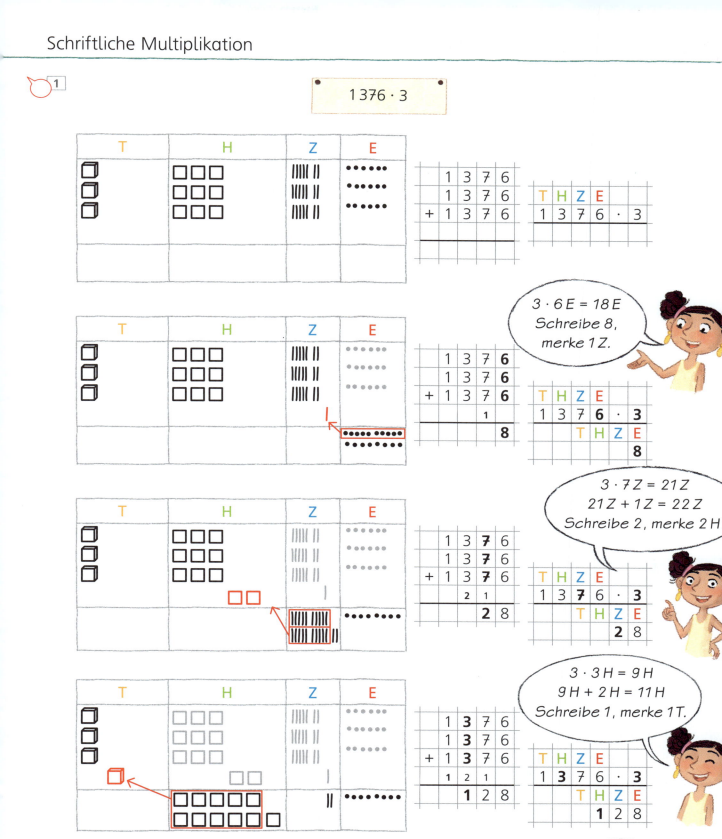

$3 \cdot 6\,E = 18\,E$
Schreibe 8,
merke 1 Z.

$3 \cdot 7\,Z = 21\,Z$
$21\,Z + 1\,Z = 22\,Z$
Schreibe 2, merke 2 H.

$3 \cdot 3\,H = 9\,H$
$9\,H + 2\,H = 11\,H$
Schreibe 1, merke 1 T.

$3 \cdot 1\,T = 3\,T$
$3\,T + 1\,T = 4\,T$
Schreibe 4.

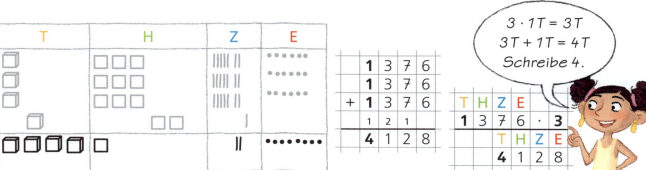

Übungen zur schriftlichen Multiplikation

1 Multipliziere schriftlich.

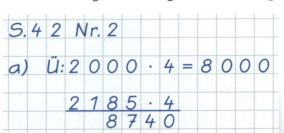

a) $2379 \cdot 4$
$\quad 2602 \cdot 3$
$\quad 1368 \cdot 7$
$\quad 3546 \cdot 5$

S.42 Nr.1

a)
```
  T H Z E
  2 3 7 9 · 4
    T H Z E
  9 5 1 6
```

b) $21432 \cdot 2$
$\quad 9671 \cdot 8$
$\quad 35263 \cdot 4$
$\quad 8027 \cdot 6$

c) $99999 \cdot 3$
$\quad 3409 \cdot 6$
$\quad 18293 \cdot 7$
$\quad 8080 \cdot 4$

2 Überschlage zuerst, dann rechne genau. Vergleiche dein Ergebnis mit dem Überschlag.

a) $\quad 2185 \cdot 4$
$\quad 14897 \cdot 6$
$\quad 4570 \cdot 3$

b) $21009 \cdot 8$
$\quad 38033 \cdot 4$
$\quad 6083 \cdot 7$

S.42 Nr.2

a) Ü: $2000 \cdot 4 = 8000$

```
  2 1 8 5 · 4
    8 7 4 0
```

c) $79873 \cdot 7$
$\quad 3599 \cdot 9$
$\quad 11378 \cdot 5$

d) $\quad 8156 \cdot 6$
$\quad 29516 \cdot 5$
$\quad 31244 \cdot 8$

3

A $\boxed{9184 \cdot 5}$ B $\boxed{1356 \cdot 4}$ C $\boxed{2712 \cdot 2}$ D $\boxed{22960 \cdot 2}$ E $\boxed{4401 \cdot 2}$

F $\boxed{678 \cdot 8}$ G $\boxed{2934 \cdot 3}$ H $\boxed{978 \cdot 9}$ I $\boxed{4592 \cdot 10}$

a) Immer drei Aufgaben haben dasselbe Ergebnis. Finde mit dem Überschlag heraus, welche Aufgaben zusammengehören.

b) Überprüfe mit der schriftlichen Multiplikation.

4 Findet die Fehler. Erklärt, was falsch gemacht wurde und rechnet richtig.

a)
```
3 7 6 4 · 8
3 0 0 8 2
```

b)
```
7 6 5 · 4
2 9 8 0
```

c)
```
  5 2 7 8 · 3
1 5 6 2 1 2 4
```

d)
```
6 9 0 3 · 5
    3 4 6 5
```

5 Multipliziere schriftlich. Denke an die Tauschaufgabe.
In jedem Päckchen haben die Ergebnisse etwas Besonderes.

a) $\quad 5 \cdot 707$
$\quad 1212 \cdot 3$
$\quad 606 \cdot 7$
$\quad 1212 \cdot 6$

b) $\quad 2 \cdot 2783$
$\quad 561 \cdot 4$
$\quad 1122 \cdot 3$
$\quad 8 \cdot 286$

c) $\quad 407 \cdot 9$
$\quad 1089 \cdot 5$
$\quad 4 \cdot 2057$
$\quad 3 \cdot 407$

d) $617 \cdot 2$
$\quad 5 \cdot 469$
$\quad 864 \cdot 4$
$\quad 3 \cdot 2263$

6

a) Addiere das Produkt aus 6 und 718 zu dem Produkt aus 7018 und 9.

b) Subtrahiere das Produkt aus 9 und 316 von dem Produkt aus 9 und 3448.

c) Addiere die Produkte aus 675 und 7, 3504 und 2 und 6589 und 8.

5a Ergebnisse haben abwechselnde Ziffern   **5b** Ergebnisse bestehen aus zwei Ziffernpaaren
5c Einer- und Tausenderstelle sowie Hunderter- und Zehnerstelle sind gleich
5d Ergebnisse sind Treppenzahlen

Kombinatorik

1 In einem Beutel sind Steckwürfel in verschiedenen Farben. Jede Farbe kommt nur einmal vor. Aus dem Beutel werden gleichzeitig immer zwei Steckwürfel gezogen.

Wie viele verschiedene Farbkombinationen gibt es, wenn

a) 4 Steckwürfel im Beutel sind?

b) 5 Steckwürfel im Beutel sind?

c) 6 Steckwürfel im Beutel sind?

2 Bei einem Völkerballturnier soll jede Klasse genau einmal gegen jede andere Klasse spielen.

Wie viele Spiele gibt es insgesamt, wenn

a) 4 Klassen teilnehmen?

b) 5 Klassen teilnehmen?

c) 6 Klassen teilnehmen?

3 Jonas hat die dreistellige Geheimnummer für sein Fahrradschloss vergessen.
Er weiß nur noch: die Ziffern sind unterschiedlich, gerade und es ist keine Null dabei.

a) Wie viele Versuche braucht er höchstens, um das Schloss zu öffnen?

b) Wie viele Versuche würde er brauchen, wenn sein Schloss eine vierstellige Geheimnummer hätte?

4 Bei einem Schwimmwettkampf treten die Kinder Max, Lena, Felix, Rena und Jakob gegeneinander an.

Wie viele Möglichkeiten gibt es, die ersten drei Plätze zu belegen?

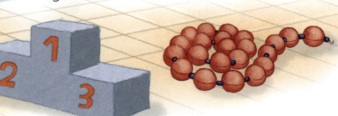

1–4 Kombinatorische Aufgaben mit individueller Lösungstechnik (z. B. Baumdiagramm) lösen
4 Anzahl der Möglichkeiten ist abhängig davon, ob Reihenfolge der Platzierung berücksichtigt wird

43

1 Addiere schriftlich. Rechne zuerst den Überschlag.

a) 356 078 + 169 981
403 755 + 4 376

b) 860 547 + 23 442
756 123 + 58 999

c) 10 047 + 354 819
3 208 + 272 786

2 Subtrahiere schriftlich. Rechne zuerst den Überschlag.

a) 176 258 − 107 999
374 812 − 3 528

b) 985 401 − 24 399
830 000 − 356 742

c) 206 064 − 11 074
798 791 − 350 501

3 Rechne im Kopf oder schriftlich. Entscheide bei jeder Aufgabe neu.

a) 52 819 + 1 999
281 574 + 346 428
100 001 + 3 488

b) 81 519 − 3 674
899 876 − 2 002
278 014 − 39 999

c) 728 015 − 10 005
400 002 + 200 006
214 089 − 176 499

4 Lege die Figuren mit deinen Zentimeterquadraten aus.
Bestimme den Umfang und den Flächeninhalt.

a)

b)

5 Zeichne Rechtecke mit dem vorgegebenen Flächeninhalt und bestimme den Umfang.

a) 6 Zentimeterquadrate

b) 24 Zentimeterquadrate

c) 15 Zentimeterquadrate

6
a) 50 000 · 6
8 000 · 40
300 · 70

b) 900 · 600
70 · 8 000
2 · 90 000

c) 9 · 900
8 000 · 30
4 000 · 500

7 Multipliziere schriftlich. Rechne zuerst den Überschlag.

a) 2 198 · 7
5 673 · 9
3 064 · 4

b) 89 446 · 5
32 811 · 9
15 708 · 7

c) 90 988 · 6
43 174 · 2
66 401 · 3

d) 22 189 · 8
12 345 · 3
76 814 · 4

8
a) Der Airbus A 340 hat
ein maximales Startgewicht
von 257 000 kg und ein maximales
Landegewicht von 181 000 kg. Berechne den Unterschied zwischen Start- und Landegewicht.

b) Die Boeing 747 verbraucht in einer Stunde 12 650 l Kraftstoff.
Der Flug nach Toronto dauert 8 Stunden.

4 Zentimeterquadrate (Beilage 5) verwenden
Aufgaben zur Selbsteinschätzung
als Kopiervorlage im Handbuch

1 Palindrome sind Wörter oder Zahlen, die vorwärts oder rückwärts gelesen den gleichen Sinn oder bei Zahlen den gleichen Wert ergeben.

Hier ein paar Beispiele:
ANNA, RENNER, REITTIER …
Zweistellige Zahlen: 11, 22, 33 …
Dreistellige Zahlen: 101, 111, 121 …

a) Wie viele dreistellige Palindrome gibt es?

b) Wie viele vierstellige Palindrome gibt es?

c) Finde noch weitere Wörter, die Palindrome sind.

ANNA
RENNER
REITTIER
11 22 33
101 111 121

2 a) Der Umfang eines Rechtecks ist 10 cm. Die längste Seite ist 34 mm lang.

b) Der Umfang eines Rechtecks ist 1 km. Die kürzeste Seite ist 180 m lang.

3 Ergänze die fehlenden Ziffern.

a)
```
  1 2 ▦ 6 ▦ · 3
  ─────────────
    3 ▦ 6 9 2
```

b)
```
  5 3 ▦ 9 · 8
  ─────────────
  ▦ 2 7 9 ▦
```

c)
```
  ▦ 7 ▦ 9 0 · 5
  ─────────────
  2 8 9 4 ▦ ▦
```

d)
```
  3 2 ▦ 3 ▦ · 6
  ─────────────
  1 ▦ 3 3 ▦ 8
```

4 Finde zu jedem Rest drei verschiedene Divisionsaufgaben.

a) Rest 8   b) Rest 17   c) Rest 30   d) Rest 42

5 a)

Bilde die Differenz aus den Zahlen 748 902 und 374 451.

b)

Bilde die Summe aus den Zahlen 228 463, 107 433 und 448 915.

c)

Vier Zahlen ergeben zusammen 100 000. Die erste Zahl ist fünfstellig und hat an jeder Stelle die Ziffer 6. Die dritte Zahl ist auch fünfstellig, an jeder Stelle steht die Ziffer 1. Die vierte Zahl erhältst du, wenn du die dritte Zahl verdoppelst.

d)

Vier Zahlen ergeben zusammen 100 000. Die zweite Zahl ist die größte vierstellige Zahl. Die dritte Zahl ist die kleinste fünfstellige Zahl. Die vierte Zahl ist die größte fünfstellige Zahl, die man aus den Ziffern 2, 0, 3, 1 und 4 bilden kann.

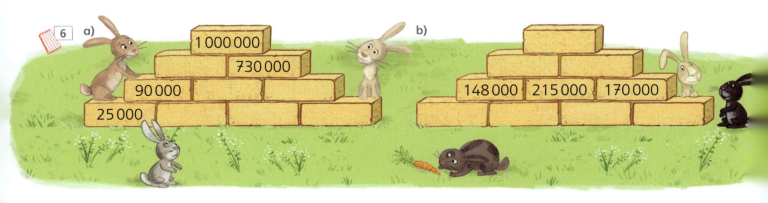

6 a)

1 000 000
730 000
90 000
25 000

b)

148 000 · 215 000 · 170 000

1

5 mm im *Bild* entsprechen 1 mm in *Wirklichkeit*.

Die abgebildete Fliege ist 5-mal so groß wie in Wirklichkeit.

Maßstab 1:1
1 zu 1

Maßstab 5:1
5 zu 1

2

Honigbiene
Maßstab 2:1

Fruchtfliege
Maßstab 10:1

Siebenpunkt-Marienkäfer
Maßstab 3:1

a) Was bedeuten die Maßstabsangaben?
Schreibe so: *Honigbiene: 2 mm im Bild entsprechen ...*

b) Wie lang sind die Tiere in Wirklichkeit? Schreibe in eine Tabelle.

Tier	Länge im Bild in mm	Maßstab	Länge in Wirklichkeit in mm
Honigbiene			

3 Miss die Länge der Tiere und bestimme den Maßstab.

a)

Kopflaus
3 mm in Wirklichkeit

b)

Schwarze Gartenameise
7 mm in Wirklichkeit

c)

Stechmücke
5 mm in Wirklichkeit

4 Vergrößere die Figuren im angegebenen Maßstab. Zeichne in dein Heft.

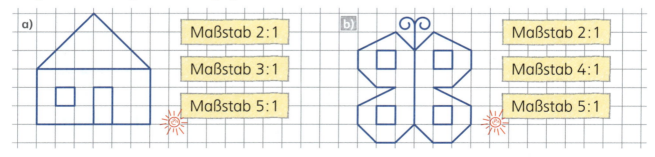

a)

Maßstab 2:1

Maßstab 3:1

Maßstab 5:1

b)

Maßstab 2:1

Maßstab 4:1

Maßstab 5:1

5 Zeichne die Figur aus Aufgabe 4a) im Maßstab 4:1 auf Zeichenpapier.

Maßstab – Verkleinern

Das Modell des Kaninchens wurde im Maßstab 1:10 hergestellt.

Das Modell des Autos wurde im Maßstab 1:60 hergestellt.

2 Bringt Tierfiguren, Fahrzeuge oder andere Modelle mit. Informiert euch über die tatsächliche Größe.

3

Hausmaus, Maßstab 1:3

Hauskatze, Maßstab 1:20

Pferd, Maßstab 1:50

a) Was bedeuten die Maßstabsangaben?
Schreibe so: *Hausmaus: 1 cm im Bild entsprechen...*

b) Wie lang sind die Tiere in Wirklichkeit? Zeichne eine Tabelle.

4 Miss die Länge der Tiere und bestimme den Maßstab.

a)

Flusspferd, 480 cm in Wirklichkeit

b)

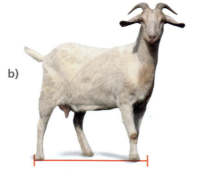

Ziege, 150 cm in Wirklichkeit

c)

Blauwal, 31 m in Wirklichkeit

5 Zeichne ein Rechteck mit der Länge 12 cm und der Breite 18 cm in dein Heft. Verkleinere das Rechteck im angegebenen Maßstab. Berechne zuerst die neue Länge und Breite, zeichne dann.

a) Maßstab 1:3   b) Maßstab 1:6   c) Maßstab 1:4   d) Maßstab 1:5

6 Leon blättert in einem Tierlexikon und misst die Längen im Buch aus. In welchem Maßstab könnten die Tiere verkleinert worden sein?

a) Krokodil: 3,6 cm lang   b) Braunbär: 3 cm lang   c) Giraffe: 2,5 cm hoch

Meterquadrate – Grundriss

1

a) Stellt Meterquadrate aus Packpapier, Zeitungen oder Geschenkpapier her.

b) Wie viele Kinder aus eurer Klasse passen auf ein Meterquadrat? Schätzt und probiert.

c) Versucht mithilfe des Meterquadrates herauszufinden, wie groß euer Klassenzimmer ist.

2 Hier seht ihr den Grundriss eines Hauses im Maßstab 1:100.

Erdgeschoss

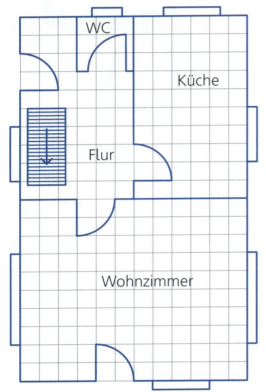

1. Obergeschoss

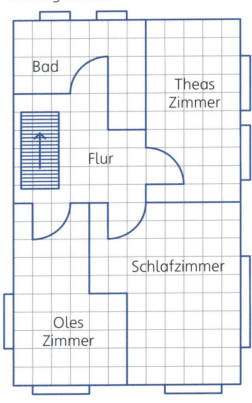

a) Was bedeuten die Symbole?

b) Wie viele Meterquadrate ist das Erdgeschoss groß?

c) Wie viele Meterquadrate ist die Gesamtfläche des Hauses groß?

d) Wer hat das größere Zimmer? Thea oder Ole?

e) Wie groß sind die einzelnen Zimmer? Erstellt eine Tabelle für mindestens 5 Zimmer.

Zimmer	Länge in m	Breite in m	Fläche in Meterquadraten
Küche			

3 Benutze die Symbole aus Aufgabe 2a) und zeichne einen Grundriss deines Traumhauses im Maßstab 1:100.

1 Über das Meterquadrat sprechen
1c Sinnvolle Vorgehensweisen zum Ausmessen des Klassenzimmers erarbeiten

Orientierung auf der Karte

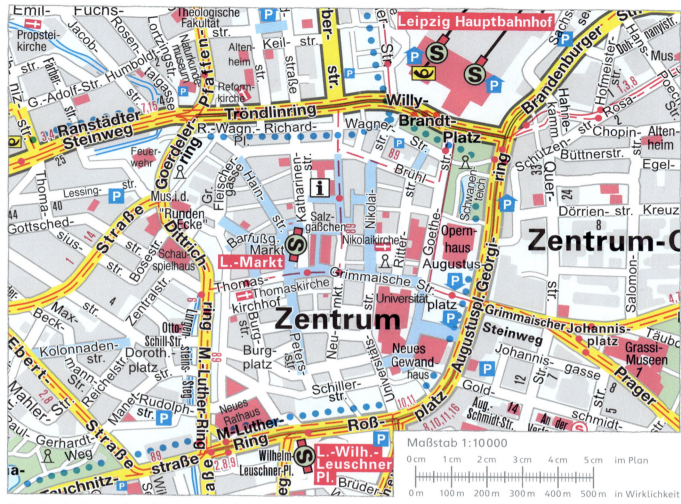

Der Stadtplan zeigt die Innenstadt von Leipzig 10 000-fach verkleinert.

 1

| Hauptbahnhof – Neues Rathaus | | Nikolaikirche – Schwanenteich |

| Thomaskirche – Neues Gewandhaus | | Opernhaus – Schauspielhaus |

a) Beschreibt die Wege.

b) Ermittelt die ungefähren Entfernungen (Luftlinie).

c) Ermittelt die Entfernungen möglichst genau über Straßen.

2 Wähle zwei Orte auf dem Stadtplan (Kirchen, Plätze, Museen …) aus und lass deinen Partner den Weg beschreiben. Ermittle dann mit deinem Partner die ungefähre und die genaue Entfernung.

 3 Ermittelt die ungefähren und genauen Entfernungen auf einem Stadtplan oder einer Landkarte eures Wohnortes

a) von zu Hause zur Schule.

b) von der Schule zum Spielplatz.

c) vom Spielplatz zu eurem Freund oder eurer Freundin.

d) von eurem Freund oder eurer Freundin nach Hause.

 4 Suche eigene Wege und ermittle die Entfernungen.

Stellenwertanalogien bei der Division

27 000 : 30

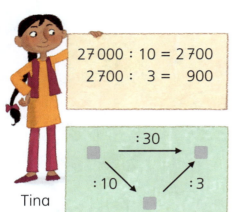

Tina

27 000 : 10 = 2 700
2 700 : 3 = 900

:30
:10   :3

Marie

9 · 30 = 270
90 · 30 = 2 700
900 · 30 = 27 000

27 000 : 3 = 9 000
9 000 : 10 = 900

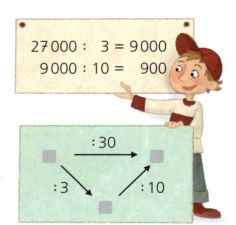

:30
:3   :10

Tom

Boris

27 00Ø : 3Ø = ▢
2 700 : 3 = 900

Maja

27 T : 3 = 9 T
9 T = 90 H
90 H : 10 = 9 H

---

2 Rechne auf deinem Weg.

a) 30 000 : 50	**b)** 240 000 : 3	**c)** 21 000 : 7 000	**d)** 48 000 : 60
18 000 : 20	7 200 : 80	400 000 : 100	360 000 : 600
18 000 : 200	280 000 : 4 000	630 000 : 90	20 000 : 500

3 Kontrolliere mit der Umkehraufgabe.

a) 490 000 : 7 000	**b)** 35 000 : 500	**c)** 14 000 : 700	**d)** 26 000 : 200
3 600 : 900	4 800 : 8	180 000 : 60	4 800 : 120
200 000 : 40	240 000 : 30	81 000 : 9 000	135 000 : 30

4 Rechne mit Z, H, T oder ZT. Beispiel: *a) 12 T : 4 = 3 T = 3 000*

a) 12 000 : 4	**b)** 1 600 : 8	**c)** 120 000 : 3	**d)** 500 000 : 10
280 : 4	40 000 : 8	35 000 : 7	300 000 : 2
3 600 : 4	320 : 8	540 : 9	84 000 : 7

5 Rechne immer eine Additionsaufgabe, eine Subtraktionsaufgabe, eine Multiplikationsaufgabe und eine Divisionsaufgabe.

a) **20 000** **40**   b) **800** **400**   c) **100 000** **10**   d) **6 000** **30**

e) **160 000** **1**   f) **7 000** **700**   g) **900 000** **3**   h) **40 000** **500**

Vorbereitung der schriftlichen Division

 1 Ein Spielgewinn von 3960 € wird gleichmäßig an 3 Personen verteilt.
Jede erhält 1320 €.

500 500 500	3000 € verteilt an 3	500 für jede 1000 €
100 100 100 100 100 100	900 € verteilt an 3	100 100 für jede 300 €
10 10 10 10 10 10	60 € verteilt an 3	10 10 für jede 20 €

a) 3090 € an 3 Personen   b) 6420 € an 2 Personen   c) 6630 € an 6 Personen

d) 8420 € an 4 Personen   e) 5500 € an 5 Personen   f) 9930 € an 3 Personen

 2
a)   936 : 4
b)   771 : 3
c)   6445 : 5
d)   9884 : 7
e)   7824 : 6
f) 25345 : 5
g) 25728 : 12

S. 51 Nr. 2

a) 936 : 4 =

zu verteilen	Rechenschritte
936	800 : 4 = 200
936 − 800 = 136	120 : 4 = 30
136 − 120 = 16	16 : 4 = 4

 3 Rechne zu jeder Aufgabe jeweils zwei Aufgaben mit gerundeten
Zahlen, eine mit größerem und eine mit kleinerem Ergebnis.

a)   23682 : 3
b)   12648 : 2
c)   40938 : 6
d)   34560 : 80
e) 554680 : 70

S. 51 Nr. 3

a) 24000 : 3 = 8000

   21000 : 3 = 7000

Ich überschlage.

4 Wandle jeweils in die kleinere Einheit um. Beispiel: *a) 6T 4H = 60H 4H = 64H = 6400*

a)	b)	c)	d)	e)
6T 4H	1H 3Z	6Z 6E	1ZT 1T	1HT 2ZT
1T 2H	5H 6Z	8Z 2E	6ZT 4T	9HT 9ZT
3T 9H	9H 2Z	3Z 9E	3ZT 8T	4HT 3ZT

Schriftliche Division

1

741 : 3

741 : 3 =		H Z E		H Z E	
		7̶ 4 1	: 3 =	2	
600 : 3 = 200		6			
141 übrig		1			

1. 7 H : 3 geht nicht ohne Rest.
   6 ist die nächstkleinere 3er-Zahl.
2. 6 H : 3 = 2 H
3. 1 H bleibt übrig.

741 : 3 =		H Z E		H Z E	
		7̶ 4 1	: 3 =	2 4	
600 : 3 = 200		6 ↓			
141 übrig		1 4			
120 : 3 = 40		1 2			
21 übrig		2			

4. 1 H 4 Z = 14 Z
5. 14 Z : 3 geht nicht ohne Rest.
   12 ist die nächstkleinere 3er-Zahl.
6. 12 Z : 3 = 4 Z
7. 2 Z bleiben übrig.

741 : 3 =		H Z E		H Z E	
		7̶ 4 1	: 3 =	2 4 7̶	
600 : 3 = 200		6			
141 übrig		1 4			
120 : 3 = 40		1 2 ↓			
21 übrig		2 1			
21 : 3 = 7̶		2 1			
0 übrig		0			

8. 2 Z 1 E = 21 E
9. 21 E : 3 geht.
10. 21 E : 3 = 7 E
11. 0 E bleiben übrig.

2 Dividiere schriftlich.

a) 564 : 3   b) 708 : 4   c) 996 : 6   d) 670 : 5   e) 5 356 : 4
   972 : 4   889 : 7   712 : 2   944 : 8   8 512 : 7

3

5 516 : 7

5 516 : 7 =		T H Z E		T H Z E	
		5 5 1 6	: 7 =		

1. 5 T : 7 geht nicht.
2. Die ersten beiden Stellen werden zusammengefasst.
   5 T 5 H = 55 H

5 516 : 7 =		T H Z E		T H Z E	
		5 5 1 6	: 7 =	7̶	
4 900 : 7 = 700		4 9			
616 übrig		6			

3. 55 H : 7 geht nicht ohne Rest.
   49 ist die nächstkleinere 7er-Zahl.
4. 49 H : 7 = 7 H
5. 6 H bleiben übrig.

5 516 : 7 =		T H Z E		T H Z E	
		5 5 1 6	: 7 =	7̶ 8	
4 900 : 7 = 700		4 9 ↓			
616 übrig		6 1			
560 : 7 = 80		5 6			
56 übrig					

6. 6 H 1 Z = 61 Z
7. 61 Z : 7 geht nicht ohne Rest.
   56 ist die nächstkleinere 7er-Zahl.
8. 56 Z : 7 = 8 Z
9. 5 Z bleiben übrig.

4 Dividiere schriftlich.

a) 1 516 : 4   b) 1 404 : 3   c) 1 485 : 9   d) 2 538 : 3   e) 34 980 : 5
   3 892 : 4   2 592 : 3   4 644 : 9   5 832 : 9   48 480 : 5

1 Schriftliche Division einführen (erste Stelle größer als Divisor)
3 Schriftliche Division einführen (erste Stelle kleiner als Divisor)

Schriftliche Division mit Nullen

Wie mache ich denn jetzt weiter?

0 H 1 Z = 1 Z
1 Z : 4 geht nicht ohne Rest.
0 Z : 4 = 0 Z.
1 Z bleibt übrig.

2 Dividiere schriftlich. Achte auf die Nullen.

a) 7212 : 4
8032 : 8
2650 : 5

b) 7242 : 6
1830 : 6
8720 : 4

c) 4164 : 4
9018 : 9
9018 : 3

d) 13206 : 6
30660 : 7
12186 : 3

3 Welcher Ausschnitt passt zur Aufgabe? Dividiere schriftlich und ordne zu.

a) 120426 : 6
b) 720426 : 7
c) 128424 : 8
d) 170424 : 3
e) 120428 : 4
f) 120424 : 2

A
```
 0 2
   0
   2 0
   1 4
     6 4
```

B
```
 0 4
   0
   4 2
   4 0
     2 4
```

C
```
 2 4
 2 4
   0 2
   0
     2 4
```

D
```
 0 0
   0
   0 4
   0
   4 2
```

E
```
 0 4
   4
   0 2
   2
   0 4
```

F
```
 0 0
   0
   0 4
   4
   0 2
```

4 Zeichne die Tabelle in dein Heft und ergänze sie.

:	2	4	8
12 136			
81 232			
48 488			

Knobelaufgabe

Tim und Tina helfen bei der Gartenarbeit. Tim erhält für jede Stunde 3 €.
Tina sagt zu Papa: „Für die erste Stunde möchte ich 10 ct und für jede weitere Stunde das Doppelte der vorherigen Stunde." Kann sich das lohnen?

5 Setze die Zahlenfolgen fort.

a) 400 000, 200 000, 100 000, … 3 125
b) 32 768, 16 384, 8 192, … 256
c) 270 459, 90 153, 30 051, … 371

1 Über den Umgang mit der Ziffer/Zahl 0 bei der schriftlichen Division sprechen

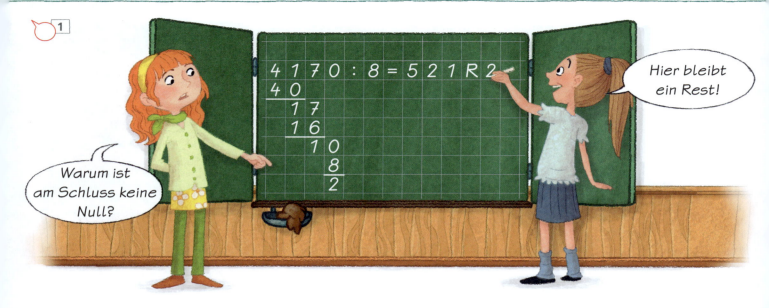

1

$4\,1\,7\,0 : 8 = 5\,2\,1\ R\,2$

Hier bleibt ein Rest!

Warum ist am Schluss keine Null?

2 Dividiere schriftlich. In jedem Päckchen ist die Summe der Reste 12.

a) 7 291 : 9
5 255 : 6
4 524 : 7
2 499 : 5

b) 2 361 : 9
1 632 : 9
3 216 : 9
6 123 : 9

c) 11 111 : 6
22 222 : 6
44 444 : 6
55 555 : 6

d) 100 000 : 7
100 000 : 6
100 000 : 3
200 000 : 9

3

Löst die Aufgaben. Überlegt dann:
- Worum handelt es sich bei dem Rest? (Personen, kg, € …)
- Ist es sinnvoll, den Rest auch noch zu dividieren?
- Jeweils eine der blau gedruckten Aussagen ist richtig. Welche?

a) 8 gleich schwere Kisten wiegen zusammen 770 kg.
   A Für die restlichen 2 kg benötigt man eine zusätzliche Kiste.
   B Die restlichen 2 kg sind tatsächlich auf die 8 Kisten verteilt, also muss ich die 2 kg durch 8 dividieren.

b) Am Dienstag fuhren 1 679 Personen aus dem Bodetal auf den Hexentanzplatz. Eine Gondel fasst 4 Personen.
   A Für die restlichen 3 Personen benötigt man eine zusätzliche Gondel.
   B Die restlichen 3 Personen müssen auf die Gondeln verteilt werden, also muss ich 3 durch 4 dividieren.

c) Für 6 Tage Aufenthalt in einer Pension bezahlt Familie Klein 579 €.
   A Die restlichen 3 € kann Familie Klein noch ausgeben.
   B Wenn ich genau wissen will, wie viel Familie Klein für einen Tag bezahlt hat, muss ich die restlichen 3 € noch durch 6 dividieren.

d) 3 Geschwister kaufen zusammen eine Stereoanlage für 554 €.
   A Für die restlichen 2 € können die Geschwister noch etwas kaufen.
   B Wenn ich genau wissen will, wie viel jeder bezahlt, muss ich die restlichen 2 € noch durch 3 dividieren.

e) Eine Verpackungsmaschine verpackt immer 8 Dosen in einen Karton. 12 500 Dosen sollen verpackt werden.
   A Für die restlichen 4 Dosen benötigt man noch einen Karton.
   B Die restlichen 4 Dosen müssen auf die Kartons verteilt werden, also muss ich 4 durch 8 dividieren.

Übungen zur schriftlichen Division

1 Dividiere schriftlich. Einige Ergebnisse haben einen Rest.
Rechne zu jeder Aufgabe die Kontrolle.

a) 255 : 2
   701 : 3
   476 : 4

b) 873 : 7
   768 : 6
   968 : 8

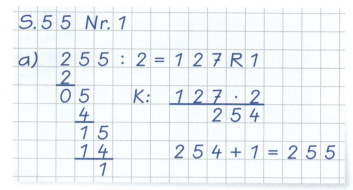

S. 55 Nr. 1

a) 255 : 2 = 127 R 1
   2
   0 5   K: 127 · 2
     4   254
    1 5
    1 4   254 + 1 = 255
      1

c) 6458 : 6
   8384 : 8
   7128 : 5

d) 63524 : 7
   24723 : 3
   87594 : 6

2 Bilde Divisionsaufgaben und rechne schriftlich.

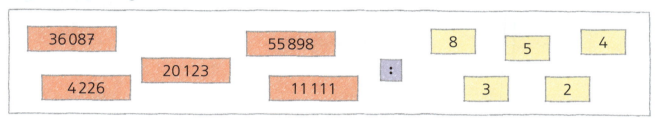

36087   55898   8   5   4

20123   :

4226   11111   3   2

3 Überschlage mit einer kleineren oder größeren Aufgabe, ob die Ergebnisse stimmen können. Überprüfe dann mit der schriftlichen Division die Aufgaben, bei denen du ein falsches Ergebnis vermutest.

a) 6450 : 6 = 1075
   2520 : 4 = 3000
   9054 : 6 =   800

b) 30660 : 7 = 4380
   18171 : 3 = 6057
   42054 : 6 = 4200

c) 56772 : 9 =   3390
   12376 : 4 = 11348
   24720 : 8 =   3090

4 Findet die Fehler. Erklärt, was falsch gemacht wurde, und rechnet richtig.

a) 1704 : 4 = 3126
   12
    5 0
    4 8
     2 4
     2 4
      0

b) 24556 : 7 = 358
   21
    3 5
    3 5
     0 5 6
      5 6
       0

c) 1338 : 3 = 4406
   12
    1 3
    1 2
     1
     0
     1 8
     1 8
      0

5 Berechne für jede Reise den Preis pro Tag.

a)

Kreuzfahrt
9 Tage **3 996,-**

b)
Dresden/Meißen
4 Tage **539,-**

c)

Budapest
6 Tage **597,-**

d)

Sizilien
9 Tage **1 287,-**

1 Wie lang sind die Tiere in Wirklichkeit?

a)

Floh
Maßstab 12:1

b)

Meerschweinchen
Maßstab 1:7

c)

Kartoffelkäfer
Maßstab 3:1

2 Miss die Länge der Tiere und bestimme den Maßstab.

a)

Kellerassel
14 mm in Wirklichkeit

b)

Krokodil
420 cm in Wirklichkeit

c)

Hummel
14 mm in Wirklichkeit

3 a) Vergrößere die Figur im Maßstab 2:1.

   b) Verkleinere die Figur im Maßstab 1:2.

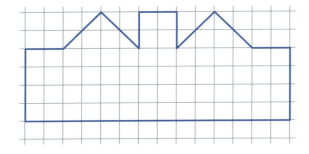

4 Wie viele Meterquadrate ist das Kinderzimmer groß?

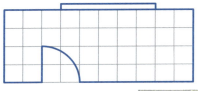

Maßstab 1:100

5 a) 56 000 : 70   b) 810 000 : 900   c) 1 000 000 : 10   d) 450 000 : 900
      32 000 :   8   12 000 : 60   6 400 : 800   8 000 : 100
      45 000 : 500   2 400 : 300   28 000 : 40   54 000 : 60

6 Dividiere schriftlich. Einige Ergebnisse haben einen Rest.
   Rechne zu jeder Aufgabe die Kontrolle.

   a) 7 511 : 3   b) 13 675 : 5   c) 20 520 : 6   d) 433 715 : 8
      7 216 : 4   35 686 : 7   76 848 : 9   247 542 : 3
      5 458 : 9   44 863 : 8   14 040 : 4   987 978 : 2

7 a) Beim Fußballtoto gewinnen Frau Paul, Frau Veit, Herr Konrad und Herr Albert
      zusammen 36 416 €.

   b) Frau Becht hat 1 656 € gewonnen. Ihre beiden Brüder haben zusammen 7 968 € gewonnen.
      Sie möchten ihre Gewinne gerecht untereinander aufteilen.

1 Lea hat aus kleinen Holzwürfeln einen großen Würfel gebaut.
Sie malt alle sichtbaren Flächen grün an. Die Unterseite malt sie nicht an.

a) Aus wie vielen kleinen Würfeln besteht der große Würfel?

b) Wie viele Flächen der kleinen Würfel werden von Lea angemalt?

c) Bei wie vielen kleinen Würfeln werden alle sechs Flächen angemalt?

d) Bei wie vielen kleinen Würfeln werden vier Flächen angemalt?

e) Bei wie vielen kleinen Würfeln werden drei Flächen angemalt?

f) Bei wie vielen kleinen Würfeln werden zwei Flächen angemalt?

g) Bei wie vielen kleinen Würfeln wird eine Fläche angemalt?

h) Bei wie vielen kleinen Würfeln wird keine Fläche angemalt?

2 Jedes Päckchen ist 20 cm breit, 30 cm lang und 10 cm hoch.
Für welches der drei Päckchen braucht man am meisten,
für welches am wenigsten Paketschnur? Schätze zuerst.

A  B  C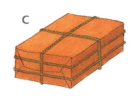

 3 a) Bilde mindestens vier Divisionsaufgaben ohne Rest und rechne schriftlich.

b) Bilde mindestens vier Divisionsaufgaben mit Rest und rechne schriftlich.

258 867   14 064   255 555   6   8   9

2 808   2 560   :   3   5

11 106   1 172   4

 4 Der Fußboden des Badezimmers von Familie Behrens
wurde neu gefliest. Es wurden schwarze und weiße
quadratische Fliesen wie ein Schachbrettmuster
verlegt. Jede Fliese hat eine Seitenlänge von 20 cm.
Das Badezimmer ist 3,20 m lang und 1,60 m breit.

Wie viele schwarze Fliesen wurden benötigt?

5 a) $53\,520 - 10\,356 = \blacksquare$

$\blacksquare : 2 = \bullet$

$\bullet + 4\,200 = \blacktriangle$

$\blacktriangle \cdot 3 = 77\,346$

b) $57\,609 + \blacksquare = 84\,217$

$\blacksquare : 4 = \square$

$\square - 3\,408 = \bullet$

$\bullet \cdot 100 = 324\,400$

c) $\bigcirc : \triangle = 7\,354$

$\triangle \cdot \blacksquare = 20\,153$

$\bigcirc - 51\,471 = \triangle$

$\triangle + 93 = 100$

1

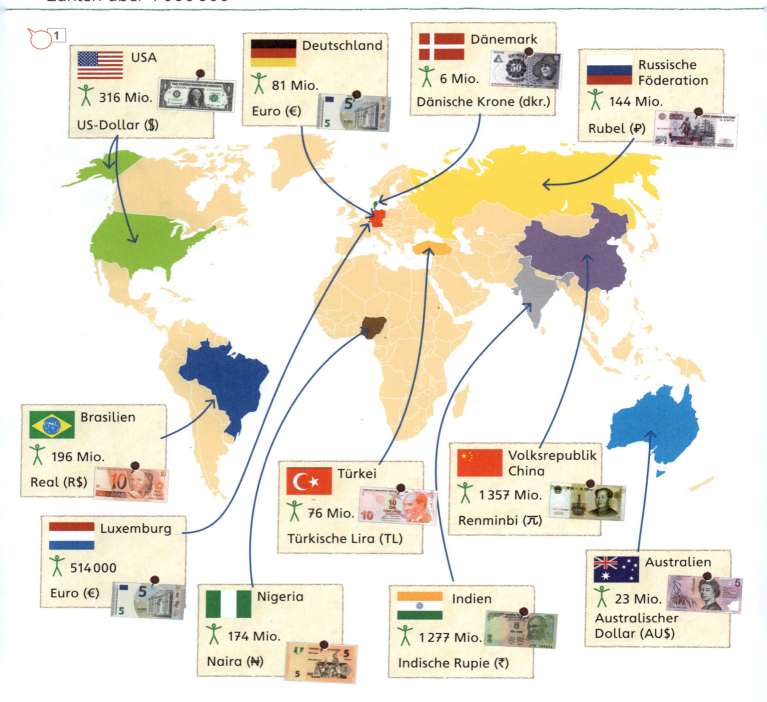

2 Ordne die Staaten aus Aufgabe 1 nach ihren Einwohnerzahlen. Beginne mit der größten Zahl. Schreibe so: *Volksrepublik China: 1 357 Mio., ...*

> 1 Milliarde = 1 000 Millionen
> 1 Mrd. = 1 000 Mio.

3 **a)** Zeichne eine Stellenwerttabelle und trage die Bevölkerungszahlen der Staaten ein.

Land	Mrd	HM	ZM	M	HT	ZT	T	H	Z	E
Volksrepublik China	1	3	5	7	0	0	0	0	0	0

b) Welche Länder haben über 1 Milliarde Einwohner?

1 Über Länder und Kontinente sprechen; Größen, Einwohnerzahlen und Währungen vergleichen (Bevölkerungszahlen: Stand 2013)
Schwankende Einwohnerzahlen aufgrund von Geburten, Todesfällen etc. als Grund für gerundete Einwohnerzahlen thematisieren
3a Ggf. Kopiervorlage nutzen

4 Schreibe als Zahl.

a) sechsundsiebzigtausendachthunderteinundneunzig

b) drei Millionen achthundertachtzigtausendsiebzehn

c) neunzehn Milliarden dreihundertzwei Millionen fünfhundertvierundzwanzig

d) zweiundfünfzig Milliarden vierzig Millionen fünftausendvier

5 Schreibe eine große Zahl verdeckt auf und diktiere sie deinem Partner. Vergleicht. Wechselt euch ab.

6 Runde die Werte auf Millionen und schreibe sie in Kurzform auf.
Schreibe so: *a) 9 651 040 ≈ 10 Mio.*

a)	b)	c)	d)
9 651 040	67 470 329	480 304 625	5 062 741 200
4 305 826	58 602 448	700 842 010	8 596 050 080
7 490 603	99 911 904	261 060 862	21 904 286 799
5 812 015	12 088 730	599 721 640	9 999 999 999

7 Überschlage zuerst, dann rechne genau.

a)
81 460 507 $ + 9 728 300 $
3 815 600 € + 36 408 045 €
204 063 267 dkr. + 916 804 dkr.
46 528 031 ₽ + 75 374 882 ₽

b)
135 602 841 R$ + 418 259 366 R$
8 570 495 ₦ + 6 047 504 728 ₦
72 983 200 TL + 17 294 853 TL
627 500 369 AU$ + 391 624 804 AU$

8 Vergleiche die Bevölkerungszahl von Deutschland mit der Bevölkerungszahl folgender Länder. Berechne jeweils die Differenz.

a)  b)  c)  d)  e)   f)

9 Bestimme die Einwohnerzahlen.

a) Gesamte Weltbevölkerung

b) Asien ohne Türkei

c) Europa ohne Russische Föderation

d) Ozeanien ohne Australien

e) Afrika ohne Nigeria

f) Asien ohne China und Indien

Verteilung der Weltbevölkerung	
Asien (mit Türkei)	4 302 Mio.
Afrika	1 100 Mio.
Amerika	958 Mio.
Europa (mit Russischer Föderation)	740 Mio.
Ozeanien (mit Australien)	38 Mio.

10 Erfindet weitere Aufgaben für eure Mitschüler wie in Aufgabe 9. Ihr könnt dazu auch Informationen in Lexika oder im Internet suchen.

Das Sonnensystem

		Milliarden	Millionen	Tausender	Einer	
Merkur	Durchmesser			4	880	km
	Entfernung von der Sonne		57	900	000	km
Venus	Durchmesser			12	620	km
	Entfernung von der Sonne		108	100	000	km
Erde	Durchmesser			12	760	km
	Entfernung von der Sonne		149	700	000	km
Mars	Durchmesser			6	860	km
	Entfernung von der Sonne		227	800	000	km
Jupiter	Durchmesser			143	600	km
	Entfernung von der Sonne		777	900	000	km
Saturn	Durchmesser			120	600	km
	Entfernung von der Sonne	1	426	000	000	km
Uranus	Durchmesser			53	400	km
	Entfernung von der Sonne	2	869	000	000	km
Neptun	Durchmesser			49	700	km
	Entfernung von der Sonne	4	498	000	000	km

 2 Sammelt Informationen zu den Planeten. Erstellt Plakate und stellt sie euren Mitschülern vor.

Mein Vater erklärt mir jeden Sonntag unseren Nachthimmel.

1 Sonnensystem kennenlernen; Begriffe klären
Bei den Angaben handelt es sich um mittlere Entfernungen

3 **a)** Ordne die Planeten nach ihrem Durchmesser und runde auf 1000 km genau.
Beginne mit dem kleinsten Planeten.
Schreibe so: *Merkur: 4 880 km ≈ 5 000 km, ...*

b) Erstelle ein Balkendiagramm. 1 mm entspricht 1 000 km.

4 **a)** 2013 wurde in Erftstadt ein Planetenweg eröffnet. Dort sind die Modelle
der Planeten unseres Sonnensystems in maßstabsgerechter Entfernung voneinander
aufgebaut. Das Modell des Saturns ist 1,426 km vom Modell der Sonne entfernt.
Gib den Abstand der anderen Modelle zum Sonnenmodell an.

b) In welchem Maßstab stellt der Planetenweg das Sonnensystem dar?

5 Berechne den größtmöglichen und den kleinstmöglichen Abstand des Mondes zur Sonne.

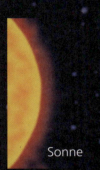
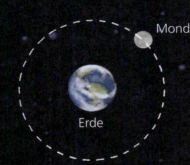

Sonne
Erde
Mond

> **Monddurchmesser: 3 480 km**
> **Mittlere Entfernung**
> **Erde–Mond: 384 000 km**

6 Wie viel Zeit würde ungefähr benötigt,
um von der Erde zum Mond zu gelangen?
Rechne mit der mittleren Entfernung von
384 000 km.

Ein Jahr hat ungefähr 9 000 Stunden.

a) Fußgänger   **b)** Radfahrer

c) Auto   **d)** Voyager 1

e) Helios 1   **f)** Licht

7 Wie viel Zeit würde ungefähr
benötigt, um von der Erde zur
Sonne zu gelangen? Rechne
mit der mittleren Entfernung von
150 000 000 km.

a) Fußgänger   **b)** Radfahrer

c) Auto   **d)** Voyager 1

e) Helios 1   **f)** Licht

Geschwindigkeiten	
Fußgänger	ca. 4 km pro Stunde
Radfahrer	ca. 20 km pro Stunde
Auto	ca. 100 km pro Stunde
Raumsonde Voyager 1	ca. 60 000 km pro Stunde
Raumsonde Helios 1	ca. 250 000 km pro Stunde
Licht	ca. 300 000 km pro Sekunde

8 Erstellt eine Kartei mit weiteren Aufgaben zu unserem Sonnensystem.

6, 7 Ergebnisse in ganzen Stunden, Jahren (Licht: Sekunden) angeben
4–7 Lösungsweg und passenden Antwortsatz im Heft notieren
Bei den Angaben handelt es sich um mittlere Entfernungen

61

Körper

1 Welche Körper kannst du aus den Netzen falten? Löse im Kopf und ordne zu. Ein Körper und ein Netz bleiben übrig.

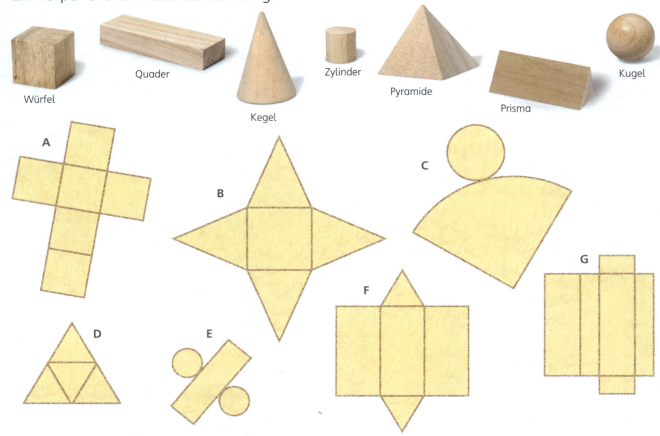

Würfel — Quader — Kegel — Zylinder — Pyramide — Prisma — Kugel

2 Vervollständigt das Baumdiagramm.

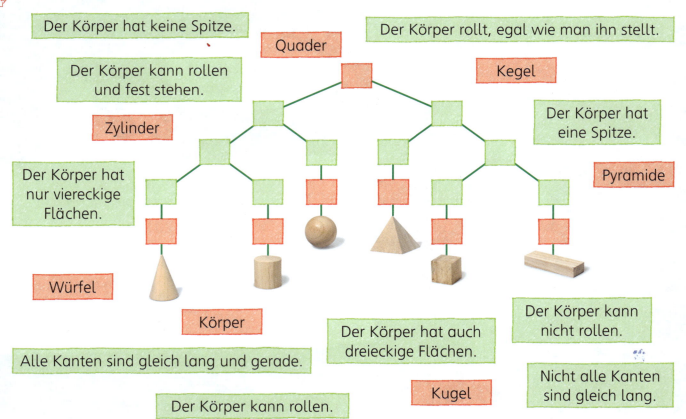

Der Körper hat keine Spitze.

Quader

Der Körper rollt, egal wie man ihn stellt.

Kegel

Der Körper kann rollen und fest stehen.

Zylinder

Der Körper hat eine Spitze.

Der Körper hat nur viereckige Flächen.

Pyramide

Würfel

Der Körper kann nicht rollen.

Körper

Der Körper hat auch dreieckige Flächen.

Alle Kanten sind gleich lang und gerade.

Nicht alle Kanten sind gleich lang.

Kugel

Der Körper kann rollen.

3 Lege eine Streichholzschachtel auf eine farbige Startfläche. Wie musst du die Streichholzschachtel kippen, damit du auf die gleichfarbige Zielfläche kommst? Benutze für deine Beschreibung v (nach vorne), h (nach hinten), r (nach rechts) und l (nach links).

S.63 Nr.3
rot: r,

				ZIEL						
	START									
					ZIEL					
										ZIEL
				ZIEL		START				
START			START							

4

Station 1

Schneidet die Netze aus und bastelt die verschiedenen Körper.

Station 2

Färbt die Ecken der Würfelnetze so, dass beim Zusammenfalten gleiche Farben aufeinandertreffen.

Station 3

Zeichne verschiedene Körper freihand.

Station 4

Zeichne Quadernetze zu den vorgegebenen Maßen der Quader.

Gleichungen und Ungleichungen

$32\,000 : \blacksquare = 400$ $\blacksquare = 80$

$32\,000 : x = 400$ $x = 80$

In manchen Aufgaben werden unbekannte Zahlen durch Buchstaben ersetzt. Diese nennt man **Variablen**.

2
a) $x + 5 = 15$
$12 - x = 10$

b) $33 = a \cdot 3$
$a : 4 = 20$

c) $4 \cdot y = 52$
$y - 36 = 18$

d) $84 = 39 + m$
$90 : m = 15$

3
a) $x + 123 = 9 \cdot 24$
$186 : 3 = 141 - m$
$11 \cdot 11 = a - 30$

b) $87 \cdot 6 = b : 2$
$472 + h = 960 - 330$
$38 + x = 56 \cdot 7$

c) $1\,000\,000 - s = 5\,394$
$1\,000\,000 - 1 = 9 \cdot p$
$1\,000\,000 : 5 = n \cdot 20$

4
a) $a + a + a + a + a = 60$

d) $d + d + d + d + d = 190 : 2$

b) $5\,400 : m = 60$

e) $117 - p = 43 + p$

c) $1\,999 + 5\,003 - k = 600$

f) $7 \cdot x + 222 = 999$

5 Erfindet eigene Aufgaben mit Variablen für eure Mitschüler.

6 Schreibe als Aufgabe mit Variable und rechne.

a) *Dreimal meine Zahl ergibt 75.*

b) *Meine Zahl ist 483 kleiner als 600.*

c) *Wenn ich meine Zahl zu 530 addiere, erhalte ich 829.*

d) *Wenn ich meine Zahl mit 3 multipliziere und das Produkt verdopple, erhalte ich 336.*

S. 64 Nr. 6
a) $3 \cdot x = 75$
$x = 25$

7

$120 \cdot n < 500$
$n = 0, 1, 2, 3, 4$

a) $3016 - e > 15408 - 12400$
$12846 : 2 < 6428 - x$
$610 + w < 77 \cdot 8$

b) $1\,000\,000 > a \cdot 150\,000$
$9000 \cdot x < 64\,000 - 100$
$99\,999 \cdot 8 < 800\,000 - n$

8 Welche Werte haben die Variablen?

a) Die Summe aus a und b ergibt c.
Die Differenz aus 500 und 248 ergibt b.
b ist das Doppelte von a.

b) Das Produkt aus x und y ist 1 000 000.
Der Quotient aus x und y ist 400.
Der Quotient aus 3 500 und 70 ist y.

1 Begriff „Variable" thematisieren
7 Die Möglichkeit mehrerer Lösungen bei Ungleichungen thematisieren

Rechenregeln – Experimentieren mit Zahlen

 1 Beachte die Rechenregeln.

a) $6 \cdot (20 + 4)$
$6 \cdot 20 + 6 \cdot 4$
$6 \cdot 20 + 4$

b) $(70 + 6) \cdot 3$
$70 + 6 \cdot 3$
$70 \cdot 3 + 6 \cdot 3$

c) $5 \cdot (80 + 8)$
$5 \cdot 80 + 5 \cdot 8$
$5 \cdot 80 + 8$

d) $8 \cdot (200 + 10 + 7)$
$8 \cdot 200 + 10 + 7$
$8 \cdot 200 + 8 \cdot 10 + 8 \cdot 7$

Rechne zuerst, was in der Klammer steht.

Ohne Klammer gilt: Punktrechnung vor Strichrechnung!

 2 a) Was fällt euch bei Aufgabe 1 auf?

b) Erfindet mindestens vier weitere Päckchen wie in Aufgabe 1.

 3 Rechne in jedem Päckchen die erste Aufgabe. Setze dann Klammern in die zweite Aufgabe, sodass beide Aufgaben das gleiche Ergebnis haben.

a) $53 + 6 \cdot 7 - 19$
$20 + 4 + 4 \cdot 7$

b) $16 + 80 + 5 \cdot 8$
$8 \cdot 2 + 10 + 40$

c) $144 - 6 \cdot 6 - 12$
$24 - 6 - 2 \cdot 6$

d) $29 + 10 \cdot 5 + 9 \cdot 5$
$10 + 9 \cdot 5 + 29$

e) $330 - 99 + 72$
$9 \cdot 8 + 11 \cdot 30 - 9$

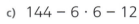 f) $9 \cdot 5 - 5 \cdot 3 + 6 \cdot 19$
$4 \cdot 4 + 4 \cdot 4 + 4 \cdot 4$

 4 Eine **Treppenzahl** besteht aus aufeinanderfolgenden Ziffern. Beispiel: 78, 1 234 und 234 567.

a) Wählt eine dreistellige Treppenzahl und addiert die Zahl 198. Was fällt euch auf?

b) Addiert zu einer vierstelligen Treppenzahl die Zahl 3 087. Was passiert?

c) Kann man fünfstellige Treppenzahlen durch Addition einer geeigneten Zahl umkehren?

d) Zu vierstelligen Treppenzahlen kann man auch andere Zahlen addieren. Probiert die Zahlen 1 107, 2 889 und 2 178 aus. Was fällt euch auf?

e) Findet auch für dreistellige und fünfstellige Treppenzahlen interessante Zahlen zum Addieren.

 5 Zeichnet die Tabellen in euer Heft und rechnet immer mindestens vier Zeilen. Wählt eigene Zahlen für die Variablen. Was fällt euch auf? Begründet.

a)

x	y	x + y	x − y	2 · x
10	1	11	9	20

b)

r	s	r − s	r − (s − 1)

c)

z	z · z	(z + 1) · (z − 1)

Knobelaufgabe

Stelle die Zahlen von 0 bis 10 her. Du darfst nur die Ziffer 4 und folgende Zeichen dafür verwenden:

+, −, ·, : und Klammern ( )

Beispiel:
$44 - 44 = 0$
$4 : 4 = 1$

2 Bilde jeweils drei passende Aufgaben und rechne sie aus.

a) Ahmeds Zahl plus Tabeas Zahl

b) Tabeas Zahl minus Monas Zahl

c) Monas Zahl mal Bens Zahl

d) Ahmeds Zahl geteilt durch Bens Zahl

 3 Berechnet das größte und das kleinste Ergebnis, das bei

a) Aufgabe 2a) möglich ist.

b) Aufgabe 2b) möglich ist.

c) Aufgabe 2c) möglich ist.

d) Aufgabe 2d) möglich ist.

4 Rechnet jeweils zwei Aufgaben mit gerundeten Zahlen, eine mit kleinerem und eine mit größerem Ergebnis.

a) 7 346 + 52 347

b) 209 436 + 67 095

c) 446 227 − 57 319

d) 64 401 − 39 557

e) 6 834 · 731

f) 19 968 : 52

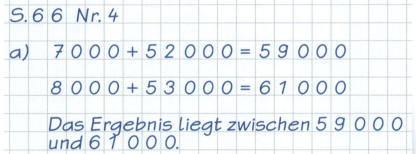

S. 66 Nr. 4

a) 7 0 0 0 + 5 2 0 0 0 = 5 9 0 0 0

    8 0 0 0 + 5 3 0 0 0 = 6 1 0 0 0

Das Ergebnis liegt zwischen 5 9 0 0 0 und 6 1 0 0 0.

5 Schreibe das Lösungswort in dein Heft.

| 1 | 2 | 3 | 4 | 5 | 6 | 7 | 8 | 9 | 10 |

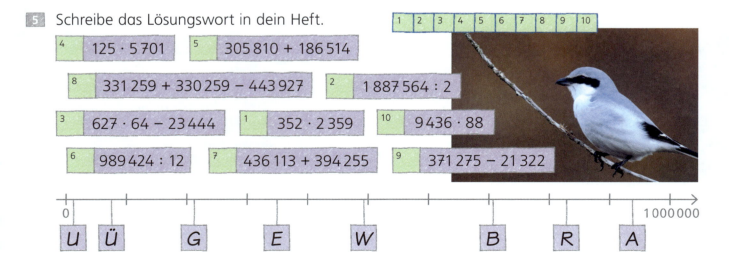

4 | 125 · 5 701

5 | 305 810 + 186 514

8 | 331 259 + 330 259 − 443 927

2 | 1 887 564 : 2

3 | 627 · 64 − 23 444

1 | 352 · 2 359

10 | 9 436 · 88

6 | 989 424 : 12

7 | 436 113 + 394 255

9 | 371 275 − 21 322

0 ——————————————————————— 1 000 000

U   Ü   G   E   W   B   R   A

1 Besprechen, welche Zahlen auf den Karten der Kinder stehen könnten
3 Regeln für das Herstellen größtmöglicher und kleinstmöglicher Ergebnisse finden

Sachrechnen – Ungefähre Zahlen

1

Zahlen in unserer Umwelt sind oft nur gerundete oder ungefähre Werte.

Wenn ich mit ungefähren Zahlen rechne, erhalte ich kein genaues Ergebnis.

Wenn ich kein genaues Ergebnis brauche, kann ich mit gerundeten Zahlen rechnen.

...nahmen ungefähr 300 Kinder teil.

fast 50 kg Tierfutter für Tierheim

...der Kleaschule wird 20 000 bis 30 000 € koste...

...eugeborenes Elefantenbaby im Leipziger Zoo wiegt etwa 90 kg.

...arten ist sehr erfolgreich. Am ersten Tag kamen schon 4700 Besucher.

Die Nachbau der Frauenkirche aus über 120 000 Legosteinen
Dresden. Seit letztem Wochenende ist der spektaku...
Dresdn... Frauen...

ca. 50 neue Anmeldunge...

2 Wie viel oder wie viele könnten es sein? Gebt drei mögliche Werte an.

- **a)** etwa 230 m
- **b)** 250 bis 300 Kinder
- **c)** ca. 3 kg
- **d)** ungefähr 1 700 Pferde
- **e)** zwischen 80 ct und 1 €
- **f)** weniger als 1 km
- **g)** fast 500 €
- **h)** nach 13.40 Uhr
- **i)** mehr als 200 km pro Stunde

3 Gebt bei den Aufgaben 2**a)** bis 2**e)** die Mindestwerte und die Höchstwerte an. Denkt auch an die Rundungsregeln. Schreibt so: *a) mindestens 225 m, höchstens ___ m*

4

Station 1

Überlegt, wie groß der fehlende Wert sein könnte. Rechnet einmal mit einem Mindestwert, einmal mit einem Höchstwert und einmal mit einer ungefähren Zahl.

Station 2

Rechnet einmal mit genauen Werten und einmal mit gerundeten Werten. Vergleicht die Ergebnisse.

Station 3

Rechnet die Aufgabe einmal mit passenden Werten, sodass das Ergebnis so groß wie möglich ist, und einmal so, dass das Ergebnis so klein wie möglich ist.

Station 4

Überlegt zunächst, welches Ergebnis stimmen könnte. Rechnet dann zur Kontrolle mit gerundeten Werten.

1, 2 Möglichkeiten zur Angabe von ungefähren und gerundeten Werten sowie von Intervallen thematisieren **3** Begriffe „Mindestwert" und „Höchstwert" thematisieren **4** Ausführliche Erläuterungen im Handbuch

67

Sachrechnen – Fermi-Aufgaben

 1 Enrico Fermi war ein italienisch-amerikanischer Wissenschaftler, der von 1901 bis 1954 lebte. Er war bekannt dafür, schwierige Aufgaben in der Physik bearbeiten zu können, ohne die genauen Zahlen in der Aufgabe zu kennen. Er konnte die Zahlen mit seiner Erfahrung so gut schätzen, dass seine Ergebnisse immer annähernd richtig waren.

Seinen Studenten stellte er auch oft Aufgaben, bei denen sie erst nachdenken mussten, welche Zahlen sie zum Rechnen brauchen. Solche Aufgaben werden heute Fermi-Aufgaben genannt.

 2 Rechts seht ihr eine Fermi-Aufgabe. Versucht, zuerst einige der Fragen auf den farbigen Streifen zu beantworten. Ihr dürft dabei auch schätzen. Die Antworten können euch weiterhelfen.

> Wie lange braucht man, um eine Stange aus Steckwürfeln zu bauen, die 1 km lang ist?

> Wie lang ist eine Stange aus 10 Steckwürfeln?

> Spart ihr Zeit, wenn ihr gemeinsam baut?

> Wie groß ist ein Steckwürfel?

> Wie lange braucht man, um 10 Steckwürfel zusammenzustecken?

> Wie viele Steckwürfel braucht man für eine 1 m lange Stange?

> Wie viele Steckwürfel braucht man für eine 1 km lange Stange?

 3 Überlegt euch zu der Fermi-Aufgabe mindestens vier geeignete Fragen, die euch bei der Lösung weiterhelfen können.

> Wie viele Grundschulkinder in Deutschland fahren mit dem Fahrrad zur Schule?

> S. 68 Nr. 3
>
> 1. Wie viele Grundschulkinder gibt es in Deutschland?
>
> 2. Wie viele

 4 Sammelt die Fragen, die ihr bei Aufgabe 3 gefunden habt.

a) Welche Fragen könnt ihr sofort genau beantworten?

b) Zu welchen Fragen könnt ihr die Antwort suchen (Internet, Lexikon …)?

c) Bei welchen Fragen könnt ihr eine ungefähre Antwort abschätzen?

d) Welche Fragen helfen bei der Lösung der Fermi-Aufgaben aus Aufgabe 3 weiter?

e) Löst die Fermi-Aufgabe.

1 Über die genannten Eigenschaften von Fermi-Aufgaben sprechen, Unterschiede zu herkömmlichen Textaufgaben herausstellen

5 Hier seht ihr zwei berühmte Fermi-Aufgaben, über die sich Wissenschaftler seit vielen Jahren streiten. Was meint ihr, woran das liegt?

> Wie viele Arbeiter haben die Pyramide gebaut?

> Auf wie vielen Planeten gibt es intelligentes Leben?

6 Um Fermi-Aufgaben zu lösen, kann man auch geeignete Experimente durchführen. Überlegt zuerst, welches Experiment am besten geeignet ist oder erfindet ein eigenes Experiment. Dann führt es durch und löst die Aufgabe.

a)

> Wie lange braucht man, um bis 1 Million zu zählen?

Experiment 1
Stoppen, wie lange es dauert bis 100 zu zählen.

Experiment 2
Stoppen, wie lange es dauert von 254 271 bis 254 280 zu zählen.

Experiment 3
Eine Stunde lang zählen und schauen, wie weit man kommt.

b)

> Wie viele Reiskörner sind in einer 1-kg-Packung Reis?

Experiment 1
Zählen, wie viele Reiskörner in einem Teelöffel voll Reis sind.

Experiment 2
100 g Reis abwiegen und die Körner dieser 100 g zählen.

Experiment 3
Ein Reiskorn wiegen.

7 Löst die Fermi-Aufgaben. Schreibt euren Lösungsweg auf ein Plakat und präsentiert es der Klasse.

a)

> Wie viele Schaukeln gibt es in deiner Gemeinde/in deiner Stadt?

b)

> Wie viele Rechenaufgaben hast du bisher in deiner Schulzeit gelöst?

8 Denke dir eine eigene Fermi-Aufgabe aus und stelle sie deinen Mitschülern vor.

5 Thematisieren, dass die Ergebnisse von Fermi-Aufgaben von den Schätzungen und dem Wissen über die Zusammenhänge abhängen
7 Über mögliche Informationsquellen sprechen (Internet, Befragung, Recherche vor Ort etc.)

69

1 Ordne jedem Körper das passende Netz zu.

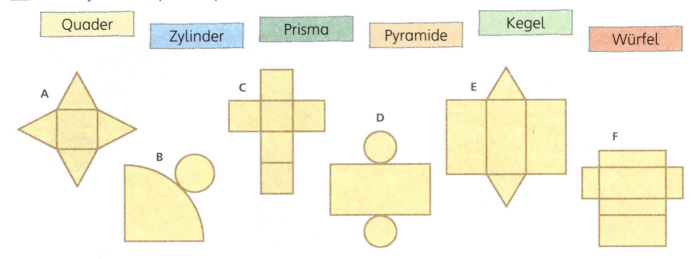

Quader Zylinder Prisma Pyramide Kegel Würfel

A B C D E F

2 Notiere zu jeder Eigenschaft mindestens einen Körper.

a) Der Körper hat keine Spitze.

b) Der Körper hat auch dreieckige Flächen.

c) Der Körper kann rollen.

d) Alle Kanten sind gleich lang.

e) Der Körper hat nur viereckige Flächen.

f) Der Körper hat eine Spitze.

g) Der Körper hat keine dreieckigen Flächen.

h) Der Körper kann nicht rollen.

3
a) $x + 17 = 43$
   $56 - x = 28$

b) $72 = 6 \cdot a$
   $a : 100 = 10$

c) $5 \cdot z = 125$
   $440 : z = 44$

d) $99 + m = 201$
   $m - 378 = 106$

4 Beachte die Rechenregeln.

a) $7 \cdot (30 + 8)$
   $7 \cdot 30 + 7 \cdot 8$
   $7 \cdot 30 + 8$

b) $(8 + 50) \cdot 6$
   $8 \cdot 6 + 50 \cdot 6$
   $50 \cdot 6 + 8$

c) $4 \cdot 300 + 4 \cdot 600$
   $4 \cdot 300 + 600$
   $4 \cdot (300 + 600)$

d) $9 + 6 \cdot 700$
   $(9 + 6) \cdot 700$
   $9 \cdot 700 + 6 \cdot 700$

5 Im Jahr 1968 flogen Menschen zum ersten Mal um den Mond. Nach dem Start umrundeten die Astronauten mit ihrer Raumkapsel „Apollo 8" zweimal die Erde. Erst dann machten sie sich auf den Weg zum Mond. Diesen umrundeten die Astronauten zehnmal, bevor sie den Rückweg antraten. Ohne weitere Erdumrundungen landeten sie dann wohlbehalten im Pazifik.

Wie viele Kilometer legten sie auf ihrer Reise zurück?

Erdumrundung: 41 200 km
Mittlere Entfernung
Erde–Mond: 384 000 km
Mondumrundung: 11 400 km

6 Jeden Sonntag holt Herr Polte 8 bis 10 Brötchen.
Je nachdem, wo er sie kauft, bezahlt er zwischen 25 ct und 38 ct für ein Brötchen.

Berechne, wie viel Geld er sonntags mindestens ausgibt und wie viel er höchstens ausgibt.

Nachdenken und vertiefen

1 Falte den Pustewürfel nach.

1 Falte die Diagonalen.

2 Wende das Blatt und falte beide Mittellinien.

3 Drücke die Seiten an einer Mittellinie nach innen.

4 Es entsteht ein Dreieck.

5 Falte die vorderen unteren Ecken zur Spitze.

6 Wende das Blatt und falte die unteren Ecken zur Spitze.

7 Falte die vordere rechte und linke Ecke zur Mitte.

8 Wende das Blatt und falte erneut die rechte und linke Ecke zur Mitte.

9 Stecke eine der oberen freien Spitzen in die Öffnung und drücke sie fest.

10 Wiederhole Schritt 9 mit den übrigen drei freien Spitzen der oberen Ecke auf beiden Seiten.

11 Falte die obere und untere Ecke zur Mitte.

12 Falte wieder auf, wende die Figur, wiederhole Schritt 11 und falte erneut auf.

13 An der unteren Ecke ist eine kleine Öffnung.

14 Puste hinein und drücke vorsichtig gegen die Seiten.

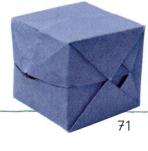

2 Schau dir die Faltschritte noch einmal genau an. Bei welchen Faltschritten werden die Kanten des Würfels gefaltet?

1 Quadratisches Blatt Papier mit den Seitenlängen von 20 cm verwenden

Zirkel

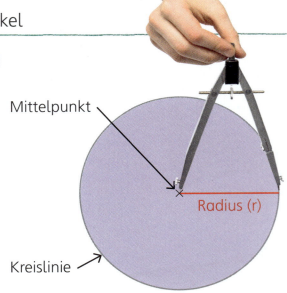

Mittelpunkt

Radius (r)

Kreislinie

Mittelpunkt

Durchmesser (d)

Kreislinie

2 Zeichne Kreise mit dem vorgegebenen Radius.

a) 5 cm
 2 cm
 8 cm

b) 6,8 cm
 7,5 cm
 3,6 cm

3 Zeichne Kreise mit dem vorgegebenen Durchmesser.

a) 12 cm
 8 cm
 17 cm

b) 18,4 cm
 12,2 cm
 7,8 cm

4 Zeichne die Figuren mithilfe von Zirkel und Geodreieck möglichst genau.

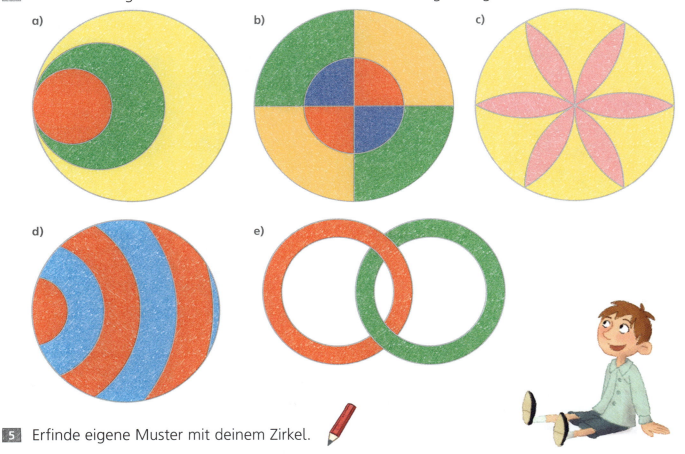

a)

b)

c)

d)

e)

5 Erfinde eigene Muster mit deinem Zirkel.

6 Zeichne die Kreise freihand. Markiere zuerst den Mittelpunkt.
 Überprüfe dann mit dem Zirkel, wie genau du gezeichnet hast.

a) r = 2 cm
b) r = 4 cm
c) r = 6 cm
d) d = 6 cm

1 Begriffe „Mittelpunkt", „Radius", „Durchmesser" und „Kreislinie" thematisieren; Zusammenhang zwischen Radius und Durchmesser erkennen

Kreise in der Kunst

Wassily Kandinsky (1866–1944)

Wassily Kandinsky hat 1926 dieses Bild gemalt. Er nannte es „Einige Kreise".

1 a) Beschreibt das Bild.

b) Zeichnet eigene Bilder mit Kreisen wie Kandinsky.

c) Sucht Informationen über den russischen Maler Wassily Kandinsky und stellt sie der Klasse vor.

2 a) Zeichne die Kreise nach Anleitung auf Zeichenpapier. Es entsteht eine optische Täuschung.

b) Erklärt, warum es eine optische Täuschung ist. Worin besteht sie? Wie kommt sie zustande?

1. Markiere zwei Punkte, die 5 cm voneinander entfernt sind.

2. Zeichne um jeden Punkt einen Kreis mit r = 1 cm.

3. Zeichne um den Mittelpunkt des linken Kreises einen weiteren Kreis mit r = 1,5 cm.

4. Zeichne um den Mittelpunkt des rechten Kreises einen weiteren Kreis mit r = 3 cm.

5. Male jeweils die beiden inneren Kreise schwarz aus.

3 a) Schreibt eine Zeichenanleitung zu einer der beiden optischen Täuschungen.

b) Erklärt die optische Täuschung. Worin besteht sie? Wie kommt sie zustande?

A

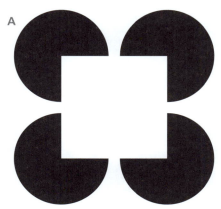

B

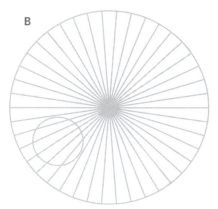

Vorbereitung der schriftlichen Multiplikation mit mehrstelligen Zahlen

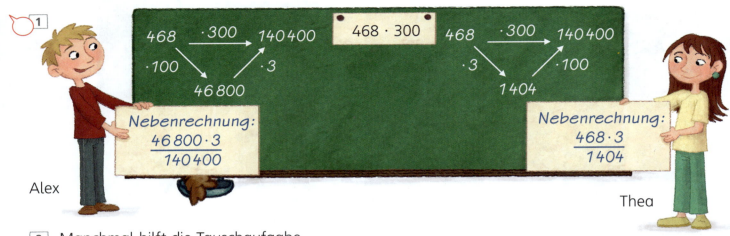

1

Alex

Thea

2 Manchmal hilft die Tauschaufgabe.

a)	b)	c)	d)	e)
23 · 50	265 · 400	625 · 400	7 · 722	200 · 45
64 · 70	713 · 300	625 · 80	40 · 722	30 · 861
86 · 60	555 · 600	625 · 9	300 · 722	609 · 900

3 Wie viele Millimeterquadrate sind es? Zeichnet das Rechteck auf Millimeterpapier und unterteilt es in kleinere Rechtecke, deren Kästchenzahl ihr leicht berechnen könnt.

4 Berechnet die Anzahl der Millimeterquadrate mithilfe von mehreren Multiplikationsaufgaben. Stellt eure Lösung der Klasse vor.

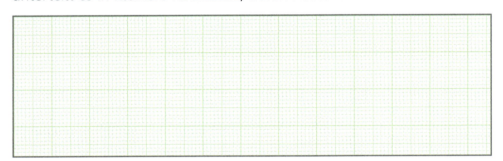

a)

b)

c)

5 Zeichne die Tabellen in dein Heft und ergänze sie.

a)

·	200	20	2	222
200				
20				
2				
222				

b)

·	600	40	3	643
100				
90				
2				
192				

1 Verschiedene Rechenwege thematisieren, Anhängen von Nullen begründen
3, 4 Ggf. Kopiervorlage nutzen

Schriftliche Multiplikation mit mehrstelligen Zahlen

1

$$2372 \cdot 346$$

| 2 3 7 2 · 3 4 6 = |
| 2 3 7 2 · 3 0 0 = |

| 2 3 7 2 · 3 4 6 = |
| 2 3 7 2 · 3 0 0 = |
| 2 3 7 2 ·   4 0 = |

| 2 3 7 2 · 3 4 6 = |
| 2 3 7 2 · 3 0 0 = |
| 2 3 7 2 ·   4 0 = |
| 2 3 7 2 ·   6 = |

| 2 3 7 2 · 3 4 6 = |
| 2 3 7 2 · 3 0 0 = |
| 2 3 7 2 ·   4 0 = |
| 2 3 7 2 ·   6 = |

Zweite Tafel:

| 2 3 7 2 · **3** 4 6 |
| **7 1 1 6 0 0** |

| 2 3 7 2 · 3 **4** 6 |
| 7 1 1 6 0 0 |
| **9 4 8 8 0** |

| 2 3 7 2 · 3 4 **6** |
| 7 1 1 6 0 0 |
| 9 4 8 8 0 |
| **1 4 2 3 2** |

| 2 3 7 2 · 3 4 6 |
| 7 1 1 6 0 0 |
| 9 4 8 8 0 |
| 1 4 2 3 2 |
| 1 1 1 1 |
| **8 2 0 7 1 2** |

Dritte Tafel:

| 2 3 7 2 · **3** 4 6 |
| **7 1 1 6** |

| 2 3 7 2 · 3 **4** 6 |
| 7 1 1 6 |
| **9 4 8 8** |

| 2 3 7 2 · 3 4 **6** |
| 7 1 1 6 |
| 9 4 8 8 |
| **1 4 2 3 2** |

| 2 3 7 2 · 3 4 6 |
| 7 1 1 6 |
| 9 4 8 8 |
| 1 4 2 3 2 |
| 1 1 1 1 |
| **8 2 0 7 1 2** |

2 Multipliziere schriftlich. In jedem Päckchen haben die Ergebnisse etwas gemeinsam.

a) 312 · 72
576 · 39
117 · 192

b) 336 · 744
4032 · 62
672 · 372

(handwritten note)
S. 75 Nr. 2
a) 312 · 72
  2 1 8 4
   6 2 4
    1
2 2 4 6 4

c) 429 · 259
777 · 143
1221 · 91

d) 814 · 288
264 · 888
1221 · 192

3 In der zweiten Zahl ist eine Null. Vergleicht die Rechenwege der Kinder.

Kim
347 · 260
694
2082
   000
1 1
90 220

Leo
347 · 260
694
20820
 1 1
90 220

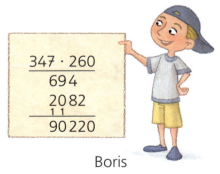

Boris
347 · 260
694
2082
1 1
90 220

4 Multipliziere schriftlich.

a) 369 · 280
4081 · 910
8333 · 120

b) 305 · 503
303 · 505
330 · 550

c) 4464 · 250
20101 · 101
4005 · 300

d) 253 · 409
7080 · 107
3301 · 705

1 Schriftliche Multiplikation mit mehrstelligem zweiten Faktor einführen
2 Ergebnisse sind in jedem Päckchen gleich
3 Umgang mit Nullen im zweiten Faktor thematisieren

75

Schriftliche Multiplikation mit mehrstelligen Zahlen

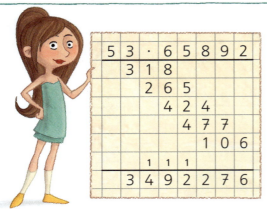

```
5 3 · 6 5 8 9 2
    3 1 8
      2 6 5
        4 2 4
          4 7 7
            1 0 6
          1 1 1
3 4 9 2 2 7 6
```

```
6 5 8 9 2 · 5 3
  3 2 9 4 6 0
    1 9 7 6 7 6
      1 1 1
3 4 9 2 2 7 6
```

2 Multipliziere schriftlich. In jedem Päckchen haben die Ergebnisse etwas Besonderes.

a) $\quad 68 · 1634$
$\quad 1973 · \quad 107$

b) $3541 · \quad 129$
$\quad 67 · 3501$

c) $4649 · \quad 239$
$\quad 219 · 5069$

d) $\quad 167 · 239521$
$\quad 38059 · \quad 1051$

3 Überschlage zuerst, dann rechne genau.

a) $69 · 3426$

b) $570 · 3939$

c) $998 · 997$

d) $12 · 76005$

e) $3005 · 350$

f) $12345 · 54321$

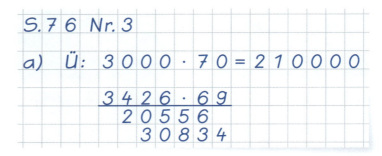

S. 76 Nr. 3

a) Ü: $3000 · 70 = 210000$

```
3 4 2 6 · 6 9
  2 0 5 5 6
  3 0 8 3 4
```

4 Findet die Fehler. Erklärt, was falsch gemacht wurde und rechnet richtig.

a)
```
7 4 6 · 2 8 9
  1 4 9 2
    5 9 6 8
      6 7 1 4
1 9 4 5 9 4
```

b)
```
4 6 4 4 · 7 2 5
      3 2 5 0 8
        9 2 8 8
      2 3 2 2 0
        1 1 1 1
      6 5 0 1 6
```

c)
```
3 0 6 1 · 5 7
    1 8 0 5
    2 5 2 7
  1
  2 0 5 7 7
```

d)
```
6 5 7 · 3 0 4
  1 9 7 1 0
    2 6 2 8
    1 1
  2 2 3 3 8
```

5
a) Wie viele Stunden hat ein Jahr, das kein Schaltjahr ist?

b) Wie viele Minuten hat ein Jahr, das kein Schaltjahr ist?

c) Zur Umrundung der Sonne benötigt die Erde 365 Tage, 5 Stunden, 48 Minuten und 46 Sekunden. Wie viele Sekunden sind das?

6
a) Probiert die beiden Aufgaben aus. Erkennt ihr einen Zusammenhang zwischen der selbst gewählten Zahl und dem Ergebnis?

b) Testet eure Vermutung mit weiteren Beispielen.

c) Erklärt, warum es diesen Zusammenhang gibt.

> Wählt eine beliebige vierstellige Zahl aus. Multipliziert sie mit 73. Multipliziert dann das Produkt mit 137.

> Wählt eine beliebige Zahl aus. Multipliziert sie mit 27. Multipliziert dann das Produkt mit 37. Addiert zum letzten Produkt noch einmal die Zahl, mit der ihr angefangen habt.

76

1 Rechenwege vergleichen und Nützlichkeit der Tauschaufgabe herausstellen
2a Gleiche Ziffern **2b** Treppenzahlen **2c,d** Ergebnisse unterscheiden sich in einer Ziffer
5 Lösungsweg und passenden Antwortsatz im Heft notieren

Knobelaufgaben

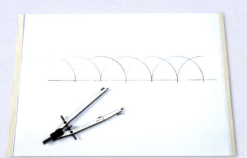

1 Zeichnet eine Strecke von 30 cm Länge. Stecht mit dem Zirkel in den Anfangspunkt der Strecke ein. Zeichnet dann Kreisbögen mit dem Radius 5 cm. Dabei müsst ihr den Zirkel immer dort einstechen, wo der vorherige Kreisbogen eure Strecke schneidet. Ihr benötigt fünf Halbkreise und zwei Viertelkreise.

2 Verbindet alle Schnittpunkte eurer Zeichnung so, wie ihr es im Bild seht. Ihr benötigt insgesamt zehn Dreiecke.

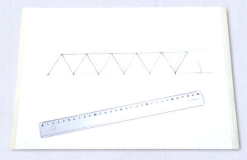

3 Schneidet die Dreieckskette aus und faltet vorsichtig entlang aller Linien. Legt den Streifen wieder flach hin.

4 Faltet die sieben rechten Dreiecke über das dritte Dreieck nach unten.

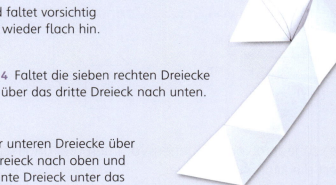

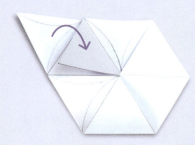

5 Faltet die vier unteren Dreiecke über das sechste Dreieck nach oben und legt das neunte Dreieck unter das erste Dreieck.

6 Gebt Klebstoff auf das letzte Dreieck der Kette und klebt es auf das erste Dreieck. Ihr erhaltet ein Flexahexagon.

7 Malt euer Flexahexagon auf der einen Seite rot und auf der anderen Seite blau an.

Wenn ihr euer Flexahexagon vorsichtig nach oben zusammenfaltet und unten auseinanderzieht, verschwindet plötzlich eine Farbe. Malt die dritte Seite eures Flexahexagons gelb an.
TIPP: Mit einem Flexahexagon könnt ihr einen geheimen Text verstecken.

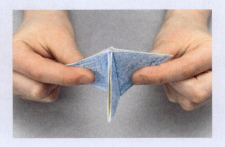

1 DIN-A3-Papier verwenden

Rauminhalt – Volumen

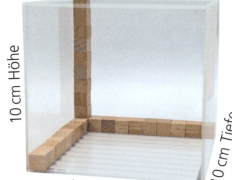

1 Das Fassungsvermögen eines Gefäßes nennt man Rauminhalt oder Volumen.

Ein Zentimeterwürfel hat das Volumen von einem Milliliter.

10 cm Höhe

10 cm Breite

10 cm Tiefe

1 cm

Wie viele Zentimeterwürfel passen in den Würfel? Wie viele Liter sind das?

2 Bestimme das Volumen der Quader. Schreibe in Zentimeterwürfel und in Milliliter.
Beispiel: *Volumen von A: _____ Zentimeterwürfel entsprechen _____ ml.*

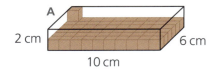

A
2 cm
6 cm
10 cm

B
4 cm
8 cm
4 cm

C
3 cm
5 cm
12 cm

3 Findet zu jedem vorgegebenen Volumen drei unterschiedliche Quader.
Notiert die Maße der Quader.
Beispiel: *a) Länge: _____ cm, Breite: _____ cm, Höhe: _____ cm*

a) 36 ml   b) 32 ml   c) 40 ml   d) 1 l

4 Wandle um in ml oder l.

a)	b)	c)	d)	e)
2 l	$\frac{1}{4}$ l	4,6 l	1800 ml	107 ml
16 l	$2\frac{1}{2}$ l	0,75 l	3249 ml	70 ml
200 l	$\frac{3}{4}$ l	1,084 l	250 ml	4 ml

> 1 Liter = 1000 Milliliter
> 1 l = 1000 ml

5 Paul hat ein neues Aquarium bekommen. Es ist 80 cm breit, 40 cm tief und 40 cm hoch. Auf den Boden soll 3 cm hoch Kies gefüllt werden. Bis auf 35 cm Höhe soll Wasser eingefüllt werden. Nachdem Paul den Kies eingefüllt hat, gießt er Wasser ins Aquarium. Die ersten 3 l versinken im Kies.

a) Wie viel Liter Kies hat Paul eingefüllt?

b) Wie viel Liter Wasser muss Paul insgesamt ins Aquarium füllen?

1 Thematisieren, dass 1000 Zentimeterwürfel das gleiche Volumen wie ein Liter haben; ggf. den Begriff Hohlmaß einführen **3** Ggf. Zentimeterwürfel zum Legen verwenden **5** Lösungsweg und passenden Antwortsatz im Heft notieren

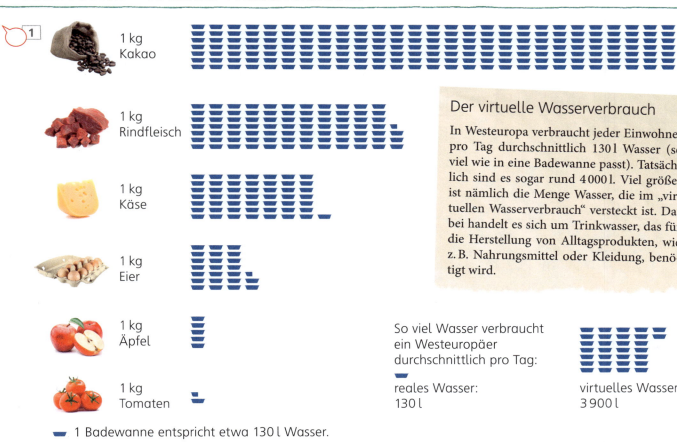

1

1 kg Kakao

1 kg Rindfleisch

1 kg Käse

1 kg Eier

1 kg Äpfel

1 kg Tomaten

Der virtuelle Wasserverbrauch

In Westeuropa verbraucht jeder Einwohner pro Tag durchschnittlich 130 l Wasser (so viel wie in eine Badewanne passt). Tatsächlich sind es sogar rund 4000 l. Viel größer ist nämlich die Menge Wasser, die im „virtuellen Wasserverbrauch" versteckt ist. Dabei handelt es sich um Trinkwasser, das für die Herstellung von Alltagsprodukten, wie z. B. Nahrungsmittel oder Kleidung, benötigt wird.

So viel Wasser verbraucht ein Westeuropäer durchschnittlich pro Tag:

reales Wasser: 130 l

virtuelles Wasser: 3 900 l

1 Badewanne entspricht etwa 130 l Wasser.

2 Berechne den virtuellen Wasserverbrauch der in Aufgabe 1 aufgeführten Nahrungsmittel. Schreibe in eine Tabelle.

Nahrungsmittel	Wasser in l
1 kg Kakao	

3

Jeans

Baumwoll-T-Shirt

Wollpullover

Lederschuhe

2 500 l

11 000 l

8 000 l

4 400 l

a) Überlegt, welche virtuelle Wasserverbrauchsangabe zu den einzelnen Kleidungsstücken passt. Begründet eure Zuordnung.

b) Überlegt gemeinsam, wie jeder Einzelne von euch den virtuellen Wasserverbrauch von Kleidungsstücken verringern kann. Schreibt eure Ideen auf ein Plakat.

4 Berechne den ungefähren virtuellen Wasserverbrauch der Lebensmittel in der Tabelle für deine Familie in einer Woche.

Nahrungsmittel	Virtueller Wasserverbrauch in l
200 ml Orangensaft	≈ 170 l
1 kg Brot	≈ 1 300 l
1 kg Kartoffeln	≈ 255 l

1 Über den „virtuellen Wasserverbrauch" als Gegensatz zum sichtbaren Wasserverbrauch sprechen
3 Gemeinsam über den Herstellungsablauf von Kleidungsstücken sprechen;
Ideen für die Einsparungen beim „virtuellen Wasserverbrauch" finden

79

1 Welche Werte passen zur Stellenwerttabelle? Ordne zu.

a)

679 €

6 € 79 ct

1 € = 100 ct			
10 €	1 €	10 ct	1 ct
	6	7	9

600 € 79 ct

6,79 €

b)

17 km 4 m

1 km = 1 000 m				
10 km	1 km	100 m	10 m	1 m
1	7	4		

17,40 km

17,4 km

17 km 400 m

c)

1 m = 100 cm			
10 m	1 m	10 cm	1 cm
1	2	0	8

12 m 8 mm

12 m 8 cm

12,08 m

12 € 8 ct

d)

1 t = 1 000 kg					
100 t	10 t	1 t	100 kg	10 kg	1 kg
2	2	0	0	5	0

220 t 15 kg

270 kg

22,5 t

220,05 t

2 Trage die Werte in geeignete Stellenwerttabellen ein.

a) 13,98 €
b) 1,5 t
c) 8,848 km
d) 31,2 kg

S.80 Nr. 2

a)
10 €	1 €	10 ct	1 ct
1	3	9	8

13 € 98 ct

e) 74,08 m
f) 8,3 cm
g) 8,3 kg
h) 8,30 kg

i)  2,1 m

j)  36,5 t

k)  Kehl 14,4 km

3 Schreibe als Kommazahl.

a) 16 m 40 cm
b) 29 € 95 ct
c) 4 cm 4 mm
d) 7 t 450 kg
e) 6 km 70 m
f) 0 kg 5 g
g) $5\frac{1}{2}$ t
h) $2\frac{1}{4}$ kg
i) $10\frac{3}{4}$ km

4 Ordne der Größe nach. Beginne mit dem kleinsten Wert. Verwende <.

a)

| 13,025 kg | 13$\frac{1}{2}$ kg | 13,52 kg | 13 kg 250 g | 13,502 kg |

b)

| 0,014 km | 0,14 km | 140 km | 1,4 km | 14 cm |

c)

| $\frac{1}{2}$ t 251 kg | 1 t 1 kg | 1,000 t | 999 kg | $\frac{1}{4}$ t + $\frac{1}{2}$ t |

5

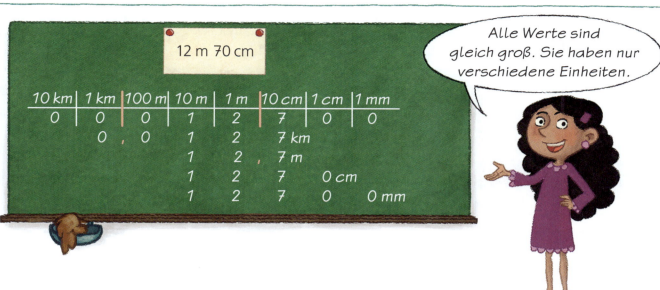

12 m 70 cm

10 km	1 km	100 m	10 m	1 m	10 cm	1 cm	1 mm
0	0	0	1	2	7	0	0
	0 , 0	1	2	7 km			
			1	2 , 7 m			
			1	2	7	0 cm	
			1	2	7	0	0 mm

Alle Werte sind gleich groß. Sie haben nur verschiedene Einheiten.

6 Schreibe jede Länge in mm, in cm, in m und in km.

a) 34 m 10 cm   **b)** 112 m 4 cm   **c)** 22 km 300 m   **d)** 1 m 8 cm 4 mm

7 Schreibe jedes Gewicht in g, in kg und in t.

a) 130 kg 400 g   **b)** 1 t 60 kg   **c)** 3 kg 250 g   **d)** 2 t 150 g

8 Wandle die Werte jedes Päckchens in die gleiche Einheit um.

a)	**b)**	**c)**	**d)**	**e)**	**f)**
6,43 m	26 ct	3,84 t	6 cm 4 mm	12,3 kg	24 t
0,52 km	9,43 €	6 kg 40 g	6,4 km	1 t 900 m	99,9 kg
320 mm	24 €	27,6 kg	6,4 m	250 g	10 kg 226 g

9 Zeichne die Tabellen in dein Heft und setze sie mindestens um drei Zeilen fort.
Rechne die Größen gegebenenfalls in geeignete Einheiten um.

a)

Anzahl Gummibärchen	Gewicht
1	0,002 kg
10	0,02 kg
100	

b)

Anzahl Waggons	Länge
1	0,012 km
10	0,12 km

c)

Länge der Ameisenstraße	Anzahl der Ameisen
0,05 m	3
0,5 m	

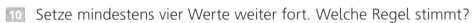

10 Setze mindestens vier Werte weiter fort. Welche Regel stimmt?

a) 3 mm, 3 cm, 30 cm, …

b) 1,4 t, 140 kg, 14 kg, …

c) 10 €, 1 €, 2 €, …

d) 0,7 mm, 7 cm, 7 m, …

immer : 10   immer · 10

immer · 100   abwechselnd : 10 und · 2

Sachrechnen – Schmetterlinge

 Welches Flugdiagramm gehört zu welcher Schmetterlingsart?
Beachtet auch, wie die Schmetterlinge überwintern.

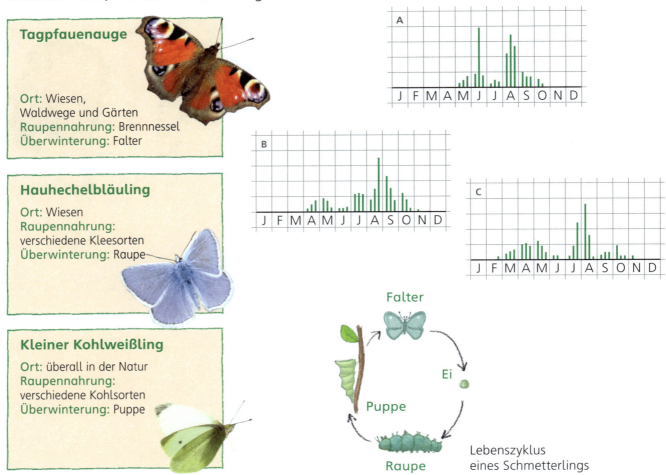

Tagpfauenauge

Ort: Wiesen,
Waldwege und Gärten
Raupennahrung: Brennnessel
Überwinterung: Falter

Hauhechelbläuling

Ort: Wiesen
Raupennahrung:
verschiedene Kleesorten
Überwinterung: Raupe

Kleiner Kohlweißling

Ort: überall in der Natur
Raupennahrung:
verschiedene Kohlsorten
Überwinterung: Puppe

Lebenszyklus
eines Schmetterlings

 Beschreibt für jede der drei Arten, wann die ersten Schmetterlinge im Jahr fliegen,
wann die letzten im Jahr fliegen und wann die meisten Schmetterlinge im Jahr fliegen.

 Um zu berechnen, wie viele Schmetterlinge einer bestimmten
Art in einem Gebiet vorkommen, zählen Wissenschaftler nur
die Tiere in einem schmalen Streifen. Im Untersuchungsgebiet 4
sind die Wissenschaftler den eingezeichneten 5 m breiten
Streifen abgegangen und haben 26 große Ochsenaugen,
4 Tagpfauenaugen und 2 Hauhechelbläulinge gesehen.

Wie viele Falter der drei Arten sind im Untersuchungsgebiet zu
erwarten?

1 : 2 500 (1 cm im Bild entspricht
25 m in der Wirklichkeit)

Nadelwald | Straße
Laubwald | Weg
Sumpf | Pfad
Bach | See

Großes Ochsenauge

Ort: Wiesen
Raupennahrung: Gräser
Überwinterung: Raupe

1 Über den Lebenszyklus der Schmetterlinge sprechen;
Darstellung der Diagramme thematisieren (erstes, mittleres und letztes Monatsdrittel)
3 Kopiervorlage nutzen; Lösungsweg und passenden Antwortsatz im Heft notieren

Admiral

Ort: überall in der Natur
Raupennahrung: Brennnessel
Überwinterung:
als Falter in Südeuropa
Geschwindigkeit: 20 km pro Stunde
Strecke pro Tag: 50 km
Flügelschläge: 10 pro Sekunde

Distelfalter

Ort: überall in der Natur
Raupennahrung: Disteln
Überwinterung: als Falter in Afrika
Geschwindigkeit: 25 km pro Stunde
Strecke pro Tag: 120 km
Flügelschläge:
8 pro Sekunde

Eine spezielle Form der Überwinterung gibt es bei den Admiralen und den Distelfaltern. Wie Zugvögel fliegen sie im Herbst nach Süden. Ihre Nachkommen kehren im darauffolgenden Frühjahr zu uns zurück.

Überschlage:

a) Wie viele Kilometer wandern die Admirale und die Distelfalter?

b) Wie viele Wochen benötigen sie für ihre Wanderungen?

c) Wie viele Stunden und Minuten fliegen sie täglich?

d) Wie oft schlagen sie pro Tag mit ihren Flügeln?

e) Wie viele Flügelschläge benötigen sie für 1 km?

Großbritannien
Deutschland
Frankreich
Italien
Spanien
Marokko
Algerien
Libyen

1 : 35 000 000
(1 cm im Bild entspricht 350 km in der Wirklichkeit)

5 An einem warmen Frühlingstag kann es passieren, dass Wanderfalter Rückenwind haben.

a) Wie weit kommt ein Admiral am Tag, wenn der Wind mit 20 km pro Stunde weht?

b) Distelfalter fliegen in bis zu 1 000 m Höhe.
Dort ist der Wind doppelt so stark wie am Boden.

6 Informiert euch im Internet und in Büchern über den Schmetterling „Monarch".

Erfindet eigene Sachaufgaben zu dieser Schmetterlingsart und erstellt eine Aufgabenkartei für eure Klasse.

1 Zeichne Kreise mit dem vorgegebenen Radius.

a) r = 4 cm
   r = 3 cm
   r = 6 cm

b) r = 4,5 cm
   r = 5,7 cm
   r = 8,4 cm

2 Zeichne Kreise mit dem vorgegebenen Durchmesser.

a) d = 16 cm
   d = 10 cm
   d = 18 cm

b) d = 16,8 cm
   d = 5,6 cm
   d = 14,2 cm

3 Überschlage zuerst, dann rechne genau.

a) 315 · 58
   103 · 65
   4019 · 43

b) 1274 · 96
   258 · 343
   663 · 210

c) 3005 · 172
   78 · 12386
   3409 · 266

d) 1934 · 205
   24817 · 32
   23 · 10438

4 Bestimme das Volumen der Quader. Schreibe in Zentimeterwürfel und in Milliliter.

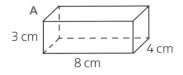
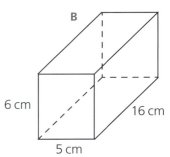
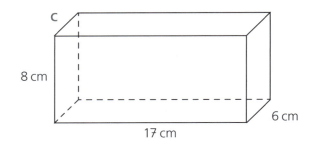

5 Wandle um in ml oder l.

a) 16 l
   135 l
   8 l

b) $6\frac{1}{2}$ l
   $\frac{1}{4}$ l
   $10\frac{3}{4}$ l

c) 0,7 l
   8,5 l
   2,065 l

d) 1500 ml
   356 ml
   4750 ml

e) 3 ml
   806 ml
   50 ml

6 Schreibe jede Länge in mm, in cm, in m und in km.

a) 613 m 7 cm

b) 1 km 200 m

c) 19 cm

d) 1 m 45 cm

7 Um die Anzahl der Schmetterlinge an einer 360 m langen Böschung zu berechnen, zählen die Wissenschaftler die Schmetterlinge, die sie auf einem 40 m langen Teilstück sehen.

a) Sie zählen 13 Kleine Füchse und 6 Tagpfauenaugen. Wie viele Kleine Füchse und Tagpfauenaugen sind an der gesamten Böschung zu erwarten?

b) Außerdem berechnen die Wissenschaftler, dass es an der Böschung 180 Kleine Kohlweißlinge und 27 Admirale gibt. Wie viele Kleine Kohlweißlinge und Admirale haben sie auf dem Teilstück gezählt?

Kleiner Fuchs

Aufgaben zur Selbsteinschätzung als Kopiervorlage im Handbuch

Nachdenken und vertiefen

1 Zeichne nach Anleitung auf Zeichenpapier.

> **1.** Zeichne mit deinem Geodreieck ein Quadrat mit der Seitenlänge 6 cm.
> **2.** Markiere auf jeder Seite des Quadrates die Mittelpunkte.
> **3.** Verbinde die gegenüberliegenden Mittelpunkte der Seiten des Quadrates.
> **4.** Es entsteht ein Schnittpunkt der beiden Verbindungslinien. Stich mit deinem Zirkel in diesen Schnittpunkt und zeichne einen Kreis mit r = 3 cm.
> **5.** Stich nun mit dem Zirkel in die linke obere Ecke des Quadrates und zeichne wieder einen Kreis mit r = 3 cm.
> **6.** Fahre so mit den restlichen Ecken des Quadrates fort.
> **7.** Male das Muster bunt an.

 2 Erfinde ein eigenes Muster mit Geodreieck und Zirkel. Schreibe dazu eine Anleitung. Dein Partner soll das Muster nach deiner Anleitung zeichnen.

 3 Schreibe die Aufgabe wie im Beispiel in dein Heft. Setze die Ziffern von 3 bis 7 so in die Kästchen ein, dass

a) ein möglichst großes Produkt entsteht.

b) ein möglichst kleines Produkt entsteht.

4 **a)** Bilde Produkte aus folgenden Nachbarzahlen:

| 56 · 57 | 12 · 13 | 98 · 99 |

b) Finde zu den vorgegebenen Produkten die beiden Nachbarzahlen, aus denen das Produkt entstanden ist.

| 110 | 210 | 420 |
| 552 | 1980 | 8010 |

 5 +, −, · oder : ?

a)
326 ● 6 = 2517 ● 561
1292 ● 2 = 17 ● 38
25 603 ● 11 904 = 7558 ● 6141

b)
478 ● 4 = 8 ● 239
56 768 ● 13 961 = 207 583 ● 136 854
93 999 ● 3 = 31 332 ● 3

 6 Setze fort.

a)	**b)**	**c)**	**d)**	**e)**
77 : 9	21 : 3	9 : 8	66 : 5	54 : 6
777 : 9	201 : 3	98 : 8	666 : 5	504 : 6
7777 : 9	2001 : 3	987 : 8	6666 : 5	5004 : 6

Schriftliche Division durch zweistellige Zahlen

1

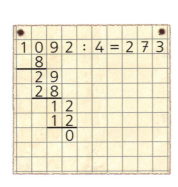

$1 \cdot 4 = 4$		$1 \cdot 12 = 12$
$2 \cdot 4 = 8$		$2 \cdot 12 = 24$
$3 \cdot 4 = 12$		$3 \cdot 12 = 36$
$4 \cdot 4 = 16$		$4 \cdot 12 = 48$
$5 \cdot 4 = 20$		$5 \cdot 12 = 60$
$6 \cdot 4 = 24$		$6 \cdot 12 = 72$
$7 \cdot 4 = 28$		$7 \cdot 12 = 84$
$8 \cdot 4 = 32$		$8 \cdot 12 = 96$
$9 \cdot 4 = 36$		$9 \cdot 12 = 108$
$10 \cdot 4 = 40$		$10 \cdot 12 = 120$

$1092 : 4 = 273$

$2868 : 12 = 2$

2

a) $10\,380 : 12$
$4\,956 : 12$
$11\,604 : 12$

b) $4\,170 : 15$
$12\,855 : 15$
$42\,945 : 15$

S. 86 Nr. 2

a) $10\,380 : 12 = 865$

c) $5\,350 : 50$
$8\,800 : 50$
$32\,750 : 50$

d) $6\,275 : 25$
$9\,125 : 25$
$2\,450 : 25$

---

3 Überschlage zuerst, dann rechne genau.

a) $11\,450 : 50$
$4\,580 : 20$
$27\,750 : 25$
$31\,545 : 15$

S. 86 Nr. 3

a) Ü: $10\,000 : 50 = 200$

$11\,450 : 50 =$

b) $56\,250 : 10$
$134\,880 : 12$
$42\,950 : 50$
$400\,400 : 25$

---

4 Bilde fünf Divisionsaufgaben. Der Quotient soll zwischen 2 000 und 4 000 liegen. Kontrolliere mit der Umkehraufgabe.

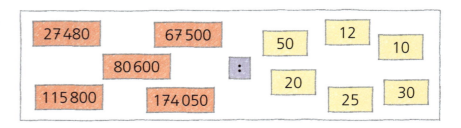

27 480   67 500   50   12   10
80 600   :   20
115 800   174 050   25   30

5

a) Wählt eine Zahl, die mit 00, 25, 50 oder 75 endet. Dividiert die Zahl durch 25. Multipliziert dieselbe Zahl mit 4.

b) Wählt andere Zahlen und rechnet wie in 5a). Was fällt euch auf? Beschreibt eine Regel.

c) Begründet die Regel.

1 Verfahren der schriftlichen Division mit zweistelligem Divisor thematisieren; Analogie zur schriftlichen Division mit einstelligem Divisor herausstellen
2 Entsprechende Einmaleinsreihen notieren 3 Verschiedene Überschläge sind möglich

6 Die Druckerei Koll hat eine neue Druckmaschine angeschafft.
In einer Stunde können nun 44 280 Zeitungen gedruckt werden.
Wie viele sind das pro Minute?

Ayla

$4428 : 6 = 738$
$\underline{42}$
22
$\underline{18}$
48
$\underline{48}$
0

Boris

$44280 : 60 = 738$
$\underline{420}$
228
$\underline{180}$
480
$\underline{480}$
0

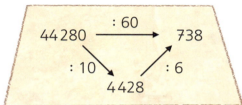

$44280 \xrightarrow{: 60} 738$
$: 10 \searrow \qquad \nearrow : 6$
4428

Lukas

Zeit	Anzahl Zeitungen
60 min	44 280
30 min	22 140
3 min	2 214
1 min	738

7 Rechne in eine andere Zeiteinheit um.

Rekorde

a) Der Ire Eamonn Keane schaffte in einer Stunde 138 480 kg im Bankdrücken.

b) Stephen Hyland (Großbritannien) machte am 23. 7. 2011 in 12 Stunden 4 020 Klimmzüge.

c) Den Weltrekord im 24-Stunden-Lauf der Frauen hält Edith Berces (Ungarn) mit 250,106 km.

d) Die äthiopische Langstreckenläuferin Dire Tune lief in einer Stunde 18 517 m und stellte damit einen Weltrekord auf.

8 Die Kinder der Klassen 4a, 4b und 4c der Bergschule haben ihre Körpergrößen gemessen und überlegen nun, welche Klasse am größten ist.
Findet für jede Klasse einen Grund, warum sie von sich behaupten kann, die „größte Klasse" zu sein.

Klasse:	4a
Anzahl der Kinder:	25
Gesamtgröße aller Kinder:	33,50 m
Größtes Kind:	1,46 m

Klasse:	4b
Anzahl der Kinder:	24
Gesamtgröße aller Kinder:	31,44 m
Größtes Kind:	1,47 m

Klasse:	4c
Anzahl der Kinder:	20
Gesamtgröße aller Kinder:	2 720 cm
Größtes Kind:	1,43 m

6 Über verschiedene Lösungswege bei Divisionsaufgaben mit zweistelligem Divisor sprechen
7 Frage, Lösungsweg und passenden Antwortsatz im Heft notieren
8 Ggf. Durchschnitt thematisieren

87

Drehsymmetrie

1 Das Windrad ist **drehsymmetrisch**. In der Mitte ist der **Drehpunkt**.

Eine Figur ist **drehsymmetrisch**, wenn sie mit weniger als einer ganzen Drehung mit ihrer Ausgangsfigur zur Deckung gebracht werden kann.

2 Sucht drehsymmetrische Gegenstände in eurer Umgebung.

3 Welche Figuren sehen nach einer Viertel- oder Halbdrehung genauso aus wie vorher?
Löse im Kopf und notiere deine Lösung.

A   B   C   D   E

4 Untersucht die Figuren auf Achsensymmetrie und Drehsymmetrie. Was fällt euch auf?

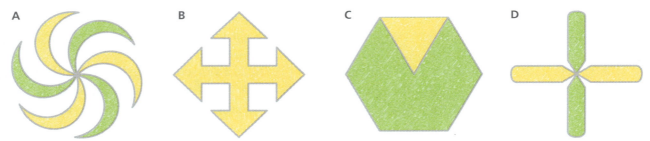

A   B   C   D

5 Welche der folgenden Buchstaben sind drehsymmetrisch?

A B C D E F G H I J K L M N O P Q R S T U V W X Y Z

6 Zeichne die Figuren in dein Heft und ergänze sie so, dass sie drehsymmetrisch sind.
Achte auf den Drehpunkt.

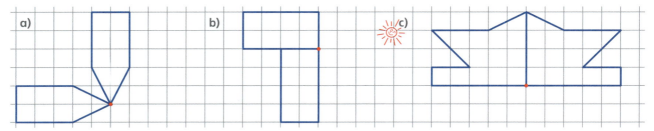

a)   b)   c)

1 Begriffe „drehsymmetrisch", „Drehpunkt", „zur Deckung bringen" und „deckungsgleich" thematisieren; ggf. Kopiervorlage für den Bau eines Windrades nutzen

Bandornamente

1 Bei einem **Bandornament** wird eine Grundfigur immer wiederholt. Dabei kann sie in zwei entgegengesetzte Richtungen verschoben werden.

A

Grundfigur

B

C  D

E F

2 **a)** Lege die Bandornamente **C** bis **F** aus Aufgabe 1 mit deinen LTZ-Plättchen nach. Zeichne die Grundfigur, die sich immer wiederholt, zu jedem Bandornament in dein Heft.

b) Lege eigene Bandornamente mit deinen LTZ-Plättchen und zeichne sie in dein Heft.

c) Lege eine Grundfigur mit deinen LTZ-Plättchen. Dein Partner soll daraus ein Bandornament legen. Wechselt euch ab.

3 Sucht Bandornamente in eurer Umgebung. Macht eine Ausstellung mit Bandornamenten in eurer Klasse.

4 Übertrage die Bandornamente in dein Heft und setze sie fort. Entdeckst du Symmetrieachsen? Zeichne sie in die Bandornamente ein.

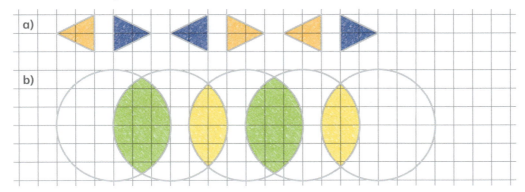

a)

b)

5 Zeichne die vorgegebenen Symmetrieachsen in dein Heft. Erfinde ein Bandornament, das diese Symmetrieachsen hat.

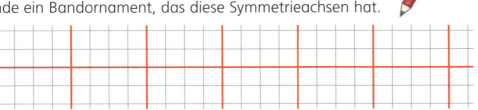

1 Über die Eigenschaften von Bandornamenten sprechen; ggf. Schiebesymmetrie thematisieren
2 LTZ-Plättchen (Beilagen 6 und 7) verwenden
4 Ggf. Spiegel benutzen

89

Flächenornamente

1   **A**

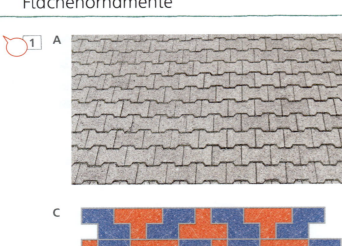

B

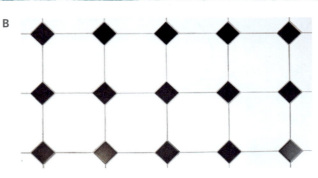

C

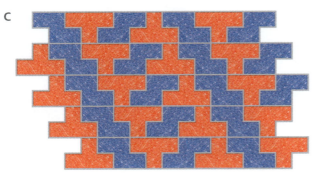

D

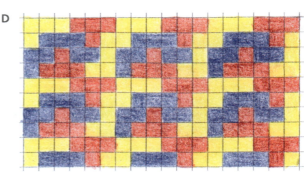

2   a) Lege Flächenornamente mit deinen
LTZ-Plättchen und zeichne sie in dein Heft.

 b) Lege eine Grundfigur mit deinen
LTZ-Plättchen. Dein Partner soll daraus
ein Flächenornament legen. Wechselt euch ab.

> Bei einem
> **Flächenornament**
> wird eine Grundfigur immer
> wiederholt. Dabei kann sie in viele
> verschiedene Richtungen
> verschoben werden.

3   Sucht Flächenornamente in eurer Umgebung und skizziert sie.
Präsentiert sie eurer Klasse.

4   Zeichne ein Flächenornament zu der vorgegebenen Grundfigur
in dein Heft.

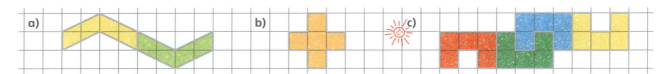

a)   b)   c)

5   Vergleicht die drei Ausschnitte aus den Flächenornamenten miteinander.
Was haben alle drei gemeinsam? Findet die jeweilige Grundfigur.

A

B

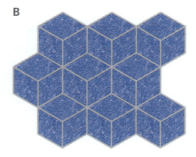

C

1 Über die Eigenschaften von Flächenornamenten (Verschiebung der Grundfigur in
mehrere Richtungen) sprechen und den Unterschied zu Bandornamenten herausstellen
2 LTZ-Plättchen (Beilagen 6 und 7) verwenden

Parkettierungen

Die Eidechse, die der niederländische Künstler M.C. Escher in seinem Bild „Reptilien" darstellt, kann man aus einem regelmäßigen Sechseck herstellen.

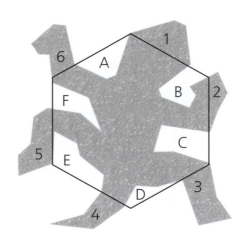

2 Mit der Knabbertechnik kannst du aus einer regelmäßigen Form eine Schablone herstellen und damit ein regelmäßiges Muster zeichnen. Dieses Muster nennt man auch **Parkett**.

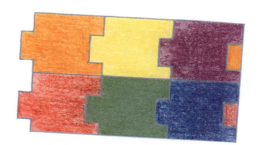

a) Erklärt, wie die Schablonen für die beiden Bilder rechts entstanden sind.

b) Stelle eine eigene Schablone mit der Knabbertechnik her:

1. Schneide aus einer Seite eines Pappquadrates ein Teil heraus.

2. Klebe dieses ausgeschnittene Teil an der gegenüberliegenden Seite mit einem Klebestreifen an.

3. Zeichne mit deiner fertigen Schablone ein Parkettmuster auf ein Blatt Papier und male es aus.

3 Stelle schwierigere Schablonen her. Die Beispiele zeigen, an welche Stellen die ausgeschnittenen Teile geklebt werden müssen.

Schablone aus einem Quadrat:

Schablone aus einem Sechseck:

Schablone aus einem Dreieck:

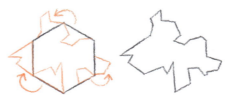

1 Die Entstehung der Eidechse aus dem Sechseck nachvollziehen;
Begriff „Knabbertechnik" thematisieren; ggf. Kopiervorlage nutzen

Schriftliche Multiplikation mit Kommazahlen

1 Herr Friedrichs kauft für den Schulgarten 24 Tüten Tulpenzwiebeln zu je 3,49 €. Wie viel bezahlt er?

Boris

Der Überschlag zeigt mir, ob ich das Komma richtig gesetzt habe.

Ü: 3 € · 2 4 = 7 2 €

```
  3 4 9 ct · 2 4
      6 9 8
    1 3 9 6
      1 1
    8 3 7 6 ct
```

Ü: 3 € · 2 4 = 7 2 €

```
  3 , 4 9 € · 2 4
      6 9 8
    1 3 9 6
      1 1
    8 3 , 7 6 €
```

Tamara

2 Wie viel muss Herr Friedrichs bezahlen? Überschlage zuerst, dann rechne genau.

a) 9 Primeln

1,49 €

b) 5 Buchsbäume

8,75 €

c) 14 Rosensträucher

19,95 €

3 Überschlage zuerst, dann rechne genau.

a) 4 · 17,95 €
6 · 6,65 €
8 · 88,88 €

b) 12 · 1,99 €
24 · 0,79 €
45 · 7,24 €

c) 7 · 10,04 €
10 · 3,47 €
2 · 7,09 €

d) 13 · 0,77 €
137 · 16,06 €
41 · 24,39 €

4 Die Klasse 4c möchte ein Beet mit Frühlingsblumen anlegen. Das Beet soll 50 cm breit und 4 m lang sein. Der Förderverein „Unser Schulgarten" stellt 100 € zur Verfügung. In der Klassenkasse ist auch noch Geld.

6,49 €

1,29 €

40 Liter

20 m
7,50 €

2,99 €

1,49 €

Primel

0,99 €

Stiefmütterchen

Osterglocke

Zaun

1 Schriftliche Multiplikation mit Kommazahlen thematisieren; klären, dass der Überschlag hilft, das Komma richtig zu setzen
4 Eigene Fragestellung entwickeln, dabei fehlende Werte abschätzen

Schriftliche Division mit Kommazahlen

1 Die Geschwister Anna, Felix und Pia kaufen von ihrem Taschengeld eine Hängematte für den Garten. Sie zahlen insgesamt 58,95 €. Wie viel muss jeder bezahlen?

Tamara

Ü: 6 0 € : 3 = 2 0 €

```
5 8 9 5 ct : 3 = 1 9 6 5 ct
3
2 8
2 7
  1 9
  1 8
    1 5
    1 5
      0
```

Boris

Ü: 6 0 € : 3 = 2 0 €

```
5 8, 9 5 € : 3 = 1 9, 6 5 €
3
2 8
2 7
  1 9
  1 8
    1 5
    1 5
      0
```

2 Überschlage zuerst, dann rechne genau.

a) 45,52 € : 4   b) 156,70 € : 5   c) 782,39 € : 7   d) 1 312,26 € : 6
   82,28 € : 4   149,55 € : 5   805,98 € : 7   730,00 € : 8
   76,24 € : 4   192,80 € : 5   369,25 € : 7   476,55 € : 9

3 Familie Kolb (Vater, Mutter und 2 Kinder) und Familie Hartung (Vater, Mutter und ein Kind) fahren gemeinsam über das Wochenende an die Nordsee. Für das Wochenendhaus zahlen sie 190 €. Sie kaufen vor Ort Lebensmittel für 96,65 €.

a) Wie viel kostet der Wochenendausflug pro Person?

b) Wie viel zahlt Familie Kolb und wie viel zahlt Familie Hartung, wenn sie die Kosten gerecht teilen?

4 Dividiere schriftlich. Kontrolliere mit der Umkehraufgabe.

a)   15,76 € : 4
b)   124,50 m : 5
c)   65,226 l : 7
d)   146,7 cm : 9
e) 1 725,60 € : 6
f)   44,72 t : 8
g)   12,6 kg : 4

S. 9 3 Nr. 4

```
a)   1 5 7 6 ct : 4 = 3 9 4 ct
     1 2
       3 7            K: 3 9 4 ct · 4
       3 6                  1 5 7 6 ct
         1 6
         1 6
           0
```

1 Schriftliche Division mit Kommazahlen thematisieren; klären, dass der Überschlag hilft, das Komma richtig zu setzen
3 Lösungsweg und passenden Antwortsatz im Heft notieren

93

Sachrechnen – Paketdienst

1 Wie kommt das Paket von Gwen zu Mia? Bringt die Fotos in die richtige Reihenfolge.

A Das Paket wird in ein Verteilzentrum nahe Gwens Wohnort gebracht.

B Der Paketbote lädt das Paket ein und fährt es in Mias Auslieferungsgebiet.

C Gwen gibt das Paket für Mia an einem Paketschalter ab.

D Der Paketbote liefert das Paket bei Mia ab.

E Im Verteilzentrum werden alle angelieferten Pakete sortiert.

F Das Paket wird in ein anderes Verteilzentrum nahe Mias Wohnort gebracht und sortiert.

2 Im Paketverteilzentrum Erftstadt können pro Stunde bis zu 18 000 Pakete sortiert und an über 300 Paketboten verteilt werden.
Von 13.00 Uhr bis 23.00 Uhr werden Pakete sortiert, die dann auf große Lkws verladen und an andere Verteilzentren gefahren werden. Ab Mitternacht kommen Lkws aus anderen Verteilzentren mit Paketen an. Bis 8.00 Uhr morgens werden diese Pakete sortiert. Dann werden sie von den Paketboten verladen und zu den Empfängern gebracht. Von 8.00 Uhr bis 13.00 Uhr steht die Anlage still, um gereinigt und überprüft zu werden. Während dieser Zeit werden wieder neue Pakete angeliefert.

a) Wie viele Stunden am Tag werden die Pakete im Verteilzentrum sortiert?

b) Wie viele Pakete können am Tag sortiert werden?

c) Stellt euch gegenseitig weitere Fragen und Aufgaben.

3 Das wichtigste Förderband im Verteilzentrum ist $\frac{1}{2}$ km lang und besteht aus 500 Abschnitten. Jeder Abschnitt ist 1 m lang. Das Förderband bewegt sich 2,5 m pro Sekunde.

a) Wie lange benötigt das Förderband für eine Runde?

b) Wie viele Abschnitte kommen an einer Stelle pro Minute vorbei?

c) Auf jedem Abschnitt kann nur ein Paket stehen. Wie viele Pakete kann das Förderband in einer Stunde höchstens transportieren?

1 Den Weg eines Paketes vom Absender zum Empfänger nachvollziehen
2, 3 Lösungsweg und passenden Antwortsatz im Heft notieren

4 Im Verteilzentrum beladen jeden Tag ungefähr 350 Paketboten ihre Transporter. Sie haben von 6.00 Uhr bis 8.00 Uhr Zeit, um ihre Pakete zu sortieren, elektronisch einzuscannen und in ihren Transporter zu laden. An einem normalen Arbeitstag muss jeder Bote etwa 180 bis 220 Pakete ausliefern. Vor Weihnachten sind es noch einmal 50 bis 60 Pakete mehr.

a) Wie viele Pakete werden an einem normalen Arbeitstag im Verteilzentrum verladen? Gib eine Mindest- und eine Höchstzahl an.

b) Wie viele Pakete sind es an einem Tag in der Weihnachtszeit? Gib eine Mindest- und eine Höchstzahl an.

5 Herr Ramirez fährt um 8.05 Uhr im Verteilzentrum ab. Er muss zunächst 35 min fahren, um in sein Auslieferungsgebiet zu gelangen. Heute muss er 126-mal anhalten, um insgesamt 186 Pakete auszuliefern. Jeder Stopp dauert etwa $1\frac{1}{2}$ min, die Fahrten zwischen den Stopps 30 s bis 2 min.

a) Wann beginnt Herr Ramirez mit der Auslieferung der Pakete?

b) Rechne in einer Tabelle: Wie lange dauern 2 Stopps, 6 Stopps, 10 Stopps, 20 Stopps, 100 Stopps und alle 126 Stopps insgesamt?

 c) Schätzt ab, um wie viel Uhr der Arbeitstag von Herrn Ramirez zu Ende ist.

6 Herr Lambert kommt um 6.00 Uhr in das Verteilzentrum. Er muss bis 8.00 Uhr 180 Pakete laden.

a) Wie viel Zeit steht ihm für jedes Paket zur Verfügung?

b) Wie viel Zeit spart er, wenn er für jedes Paket nur eine halbe Minute benötigt?

c) Am dritten Samstag im Dezember muss er 288 Pakete mitnehmen.

 7 a) Wie teuer ist der Versand der Pakete mit den Gegenständen aus der gelben Tabelle?

b) Herr Kitz lädt 36 Pakete der Größe S, 90 Pakete der Größe M und 78 Pakete der Größe L in seinen Transporter. Wie hoch waren die Einnahmen des Paketdienstes für die Pakete dieser Fahrt?

c) Wie viele Würfel mit der Kantenlänge 10 cm kann man höchstens in einem Paket der Klasse L verpacken?

Inhalt	Länge	Breite	Höhe
Spiel	30 cm	30 cm	10 cm
Stoffelefant	45 cm	40 cm	35 cm
12 DVDs	14 cm	14 cm	14 cm
großer Kalender	40 cm	60 cm	3 cm
Tennisschläger	75 cm	30 cm	11 cm

Paketklasse	Größe (kürzeste + längste Seite = Paketklasse)	Preis
S	bis 50 cm	4,30 €
M	bis 70 cm	6,60 €
L	bis 90 cm	10,50 €

4–7 Lösungsweg und passenden Antwortsatz im Heft notieren
6c Frage, Lösungsweg und passenden Antwortsatz im Heft notieren

95

1 Das Kreisdiagramm zeigt, wie viele Pakete Herr Ramirez am 15. April in welche Orte bringen muss.

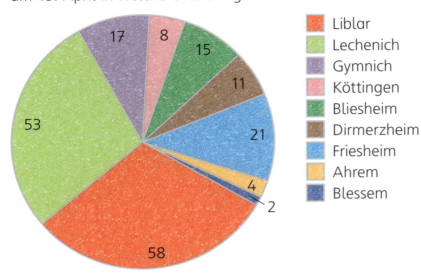

Liblar
Lechenich
Gymnich
Köttingen
Bliesheim
Dirmerzheim
Friesheim
Ahrem
Blessem

a) In welchen Ort muss er die meisten Pakete bringen?

b) In welchen Ort muss er die wenigsten Pakete bringen?

c) Wie viele Pakete hat Herr Ramirez an diesem Tag insgesamt eingeladen?

d) Zeichne zu dem Kreisdiagramm ein passendes Säulendiagramm.
1 cm soll im Diagramm 10 Paketen entsprechen.

2 Vergleicht das Kreisdiagramm mit dem Säulendiagramm aus Aufgabe 1.
Welche Vor- und Nachteile haben die beiden Diagramme?

3 Ordnet die Anzahlen der Pakete den einzelnen Orten im Kreisdiagramm zu,
die Herr Ramirez am 16. April ausliefern muss.

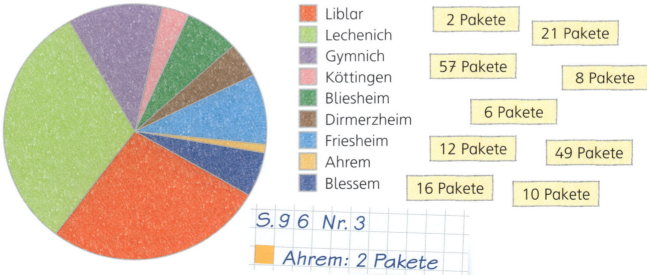

Liblar
Lechenich
Gymnich
Köttingen
Bliesheim
Dirmerzheim
Friesheim
Ahrem
Blessem

2 Pakete   21 Pakete
57 Pakete   8 Pakete
6 Pakete
12 Pakete   49 Pakete
16 Pakete   10 Pakete

S. 96 Nr. 3

Ahrem: 2 Pakete

4 Am 17. April lädt Herr Ramirez insgesamt 160 Pakete ein.
40 Pakete gehen jeweils nach Liblar und Lechenich. Nach Gymnich und Bliesheim
muss er jeweils 20 Pakete bringen. Jeweils 10 Pakete müssen nach Blessem, Ahrem,
Dirmerzheim und Friesheim gebracht werden.
Zeichnet ein passendes Kreisdiagramm.

1 Wie oft erscheint die Ziffer 7 auf einer Digitaluhr zwischen

 und  ?

2 Auf dem Weg zur Schule muss Ben einen großen Park durchqueren.
Er möchte aber nicht immer den gleichen Weg gehen.
Wie viele verschiedene Wege kann er gehen? Erstelle eine Skizze.

3 Bei den Spielwürfeln sind immer Würfelflächen mit den gleichen Augenzahlen zusammengeklebt.

a) Wie viele Augen sind auf den zusammengeklebten Flächen von A?

b) Wie viele Augen sind auf den 18 anderen Flächen von A?

c) Wie viele Augen sind auf den zusammengeklebten Flächen von B?

d) Wie viele Augen sind auf den 22 anderen Flächen von B?

4 Gleiches Zeichen bedeutet gleiche Ziffer. Setze die richtigen Ziffern ein.

a) 4 △ + 4 △ = ▢4
　　△ · △△ = 44
　　4 · △△ = ▢▢
　▢4 : △ = 4 △

b) △◯ · △◯ = △◯◯
　△◯◯ : ▢ = ▢◯
　▢◯ + ▢◯ = △◯◯
　▢◯ − ▢◯ − ▢◯ = △◯

5 Aus welchen Figuren könnt ihr ein regelmäßiges Parkett zeichnen? Begründet.
Zeichnet die regelmäßigen Parkette.

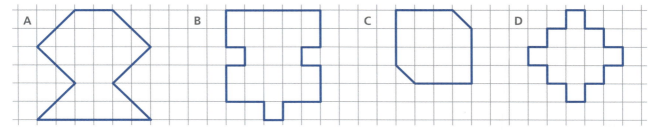

1 Überschlage zuerst, dann rechne genau.

a) 4 896 : 12

1 044 : 12

b) 3 900 : 50

16 650 : 50

c) 1 485 : 15

12 705 : 15

d) 2 340 : 20

12 380 : 20

2 Welche Figuren sind achsensymmetrisch und welche drehsymmetrisch?
Welche Figuren sind achsensymmetrisch und drehsymmetrisch?

A 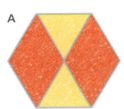   B   C   D   E

3 Bestimme die Grundfigur der
Bandornamente und zeichne sie.

A

B

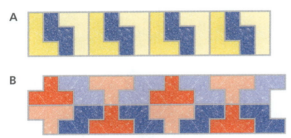

4 Zeichne das Flächenornament ab und
setze es in alle vier Richtungen fort.

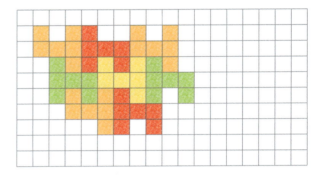

5 Überschlage zuerst, dann rechne genau.

a) 5 · 8,99 €

7 · 73,86 €

b) 46 · 8,09 €

13 · 4,88 €

c) 76,68 € : 6

338,34 € : 3

d) 1 924,02 € : 9

229,20 € : 2

6 Herr Ramirez beginnt um 8.25 Uhr mit seiner Paketauslieferung. Er hat 98 Stopps,
die jeweils höchstens 2 min dauern. Seine Fahrzeit beträgt insgesamt 3 h 58 min.

7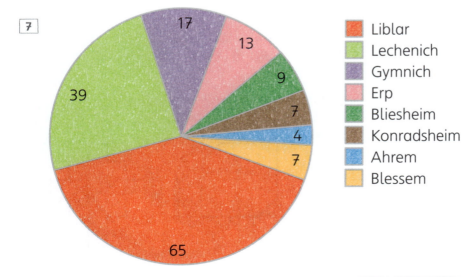

Legende:
- Liblar
- Lechenich
- Gymnich
- Erp
- Bliesheim
- Konradsheim
- Ahrem
- Blessem

a) In welchen Ort bringt der
Paketbote die wenigsten
Pakete?

b) Wie viele Pakete liefert er
an diesem Tag insgesamt
aus?

c) Zeichne zu dem Kreis-
diagramm ein passendes
Säulendiagramm.
1 cm soll im Diagramm
10 Paketen entsprechen.

Aufgaben zur Selbsteinschätzung
als Kopiervorlage im Handbuch

Nachdenken und vertiefen

1 Setze in jede Aufgabe die Zahlen 75 , 38 und 450 so ein, dass das Ergebnis stimmt.

a) ▦ : ▦ + ▦ =   44

   ▦ + ▦ · ▦ = 33 788

b) ▦ · ▦ + ▦ = 3 300

   ▦ · ▦ − ▦ = 33 712

c) (▦ : ▦) · ▦ =   228

   (▦ − ▦) · ▦ = 30 900

2 Verändere eine Zahl in jeder Aufgabe, sodass das Ergebnis stimmt.

a) $7 \cdot 7 + 28 : 4 = 49$

   $225 : (1\,374 - 1\,348) = 9$

b) $7 \cdot 8 \cdot (9 + 5) = 728$

   $(328 + 597) : 11 = 84$

c) $(429 + 39) : (8 - 5) = 234$

   $1\,155 \cdot 482 = 555\,555$

3 Lege drehsymmetrische Figuren mit deinen LTZ-Plättchen und zeichne sie in dein Heft.

4 Zeichne jeweils ein Bandornament in dein Heft, bei dem die Grundfigur aus der danebenstehenden Form besteht. Du darfst die Formen auch drehen und spiegeln.

a) Das Bandornament hat eine waagerechte Symmetrieachse.

b) Das Bandornament hat senkrechte Symmetrieachsen.

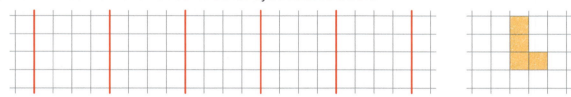

c) Das Bandornament hat eine waagerechte Symmetrieachse und senkrechte Symmetrieachsen.

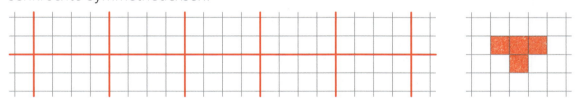

5 Eine Geschirrspülmaschine benötigt für einen Waschgang 18 l Wasser.
Familie Lorenz spült pro Monat durchschnittlich 20-mal. 1 000 l Wasser kosten 4 €.
Berechne den Wasserverbrauch und die Kosten für

a) ein halbes Jahr.   b) ein ganzes Jahr.

6 Herr Grahl war von 8.15 Uhr bis 10.00 Uhr mit der Reparatur der Geschirrspülmaschine von Familie Heimbach beschäftigt. Er berechnet für die Fahrtkosten 37 € und für das Material 18,90 €. Sein Stundenlohn beträgt 43 €.

---

3 LTZ-Plättchen (Beilagen 6 und 7) verwenden
5 Lösungsweg und passenden Antwortsatz im Heft notieren
6 Frage, Lösungsweg und passenden Antwortsatz im Heft notieren

Abfahrt *Departure*   Mannheim Hbf

Zeit *Time*	Zug *Train*	Richtung *Direction*	Gleis *Track*
7.00			
7.08 ✗ außer Sa	**RB** 7105 🚲	Schwetzingen 7.22 – Hockenheim 7.29 – **Waghäusel 7.37**	**10**
7.09 †	**RB** 7302 2. Kl	Ludwigshafen (Rhein) Hbf 7.13 – **Neustadt 7.43**	**2**
7.11	**RE** 3193	Heidelberg Hbf 7.30 – Bruchsal 8.03 – **Karlsruhe Hbf 8.23**	**8**
7.17 ✗	**ICE** 674 ‖	Frankfurt (Main) Süd 7.56 – Kassel-Wilhelmshöhe 9.17 – Göttingen 9.35 – Hannover Hbf 10.08 – Hamburg Hbf 11.22 – Hamburg Dammtor 11.28 – **Hamburg-Altona 11.37**	**3**
7.23 ✗ außer Sa	**RB** 7108 🚲	Mannheim-Waldhof 7.33 – **Lampertheim 7.39**	**9**
7.25	**RE** 3370	Ludwigshafen (Rhein) Hbf 7.29 – Neustadt 7.59 – Kaiserslautern 8.27 – **Homburg (Saar) 9.04**	**1**
7.27	**ICE** 995 ‖	Stuttgart Hbf 8.06 – Ulm Hbf 9.04 – Augsburg Hbf 9.43 – **München Hbf 10.15**	**4**
7.29 ✗ außer Sa	**RE** 3682	**Ludwigshafen (Rhein) Hbf 7.33**	**8**
7.30 ✗	**RE** 3379	Mannheim-Friedrichsfeld Süd 7.37 – Hd-Wieblingen 7.42 – **Heidelberg Hbf 7.46**	**10**
7.31	**ICE** 271 ‖	Karlsruhe Hbf 7.56 – Offenburg Hbf 8.30 – Freiburg Hbf 9.00 – Basel Bad Bf 9.35 – Basel SBB 9.42 – **Zürich Hbf 10.45**	**5**
7.35	**ICE** 896 ‖	Frankfurt (Main) Hbf 8.10 – Fulda 9.08 – Kassel-Wilhelmshöhe 9.41 – Göttingen 10.00 – Hildesheim Hbf 10.31 – Braunschweig Hbf 10.58 – Berlin-Spandau 12.05 – Berlin Hbf 12.21 – **Berlin Ostbahnhof 12.32**	**3**
7.36 ✗	**ICE** 506 ‖	Mainz Hbf 8.16 – Koblenz Hbf 9.05 – Bonn Hbf 9.37 – Köln Hbf 9.59 – Düsseldorf Hbf 10.31 – Duisburg Hbf 10.44 – Essen Hbf 10.57 – Dortmund Hbf 11.19 – **Bielefeld Hbf 12.08**	**2**
7.43	**RE** 3108	Ma-Waldhof 7.49 – Lampertheim 7.55 – Biblis 8.05 – **Frankfurt (Main) Hbf 8.55**	**7**
7.43 †	**RB** 7109 🚲	Schwetzingen 7.57 – Hockenheim 8.04 – Waghäusel 8.12 – **Karlsruhe Hbf 8.38**	**10**
7.46 ✗	**RB** 6928	Ludwigshafen (Rhein) Hbf 7.50 – **Neustadt 8.18**	**1**
7.50	**RE** 6418	Ludwigshafen (Rhein) Hbf 7.54 – Frankenthal Hbf 8.01 – Worms Hbf 8.13 – **Mainz Hbf 9.08**	**2**
7.54	**IC** 611 ☕	Heidelberg Hbf 8.04 – Stuttgart Hbf 8.49 – Ulm Hbf 9.53 – Augsburg Hbf 10.34 – München-Pasing 10.59 – **München Hbf 11.10**	**4**
7.54 ✗	**RB** 7110 🚲 2. Kl	Lampertheim 8.05 – Biblis 8.22 – **Frankfurt Hbf 9.37**	**9**

Zeichenerklärung

ICE	InterCityExpress	Mo	Montag	Fr	Freitag	✗ nur an Werktagen
IC	InterCity	Di	Dienstag	Sa	Samstag	† an Sonntagen und allgemeinen Feiertagen
RE	RegionalExpress	Mi	Mittwoch	So	Sonntag	‖ Bordrestaurant
RB	RegionalBahn	Do	Donnerstag			☕ Bordbistro
2. Kl	Nur 2. Klasse					🚲 Fahrradmitnahme

1 Untersucht den abgebildeten Fahrplanausschnitt.

a) Was kann man in den einzelnen Spalten ablesen?

b) Was steht in den einzelnen Zeilen?

c) Was bedeuten die Bezeichnungen **ICE, IC, RE, RB**?

d) Was bedeuten die folgenden Zeichen?
✗, ✗ außer Sa; †, ⫙, ⊒, ⚲?

e) Wie viele der angegebenen Züge fahren an Werktagen, wie viele an Sonn- und Feiertagen?

f) Wie viele Züge fahren nur an Werktagen, wie viele nur an Sonn- und Feiertagen?

2 a) Mit welchen Zügen kann man von Mannheim nach Ludwigshafen fahren?
Schreibt jeweils Abfahrtszeit, Zugnummer, Ankunft, Fahrzeit und Gleisnummer auf.

b) Wie lange braucht der ICE 506 für die Fahrt von Mannheim nach Bielefeld?

c) Welcher Zug hat die kürzeste Fahrzeit von Mannheim nach Karlsruhe?

d) Stellt euch gegenseitig Fragen zum Fahrplan und beantwortet sie.

3 a) Frau Schneider fährt von Mannheim nach Ulm. Die Fahrt dauert 1 h und 37 min.
Mit welchem Zug fährt sie?

b) Ein Zug fährt um 7.35 Uhr in Mannheim ab. Wo kommt er nach 3 h 23 min an?

c) Herr Bühlen möchte spätestens um 8.00 Uhr in Heidelberg sein.
Mit welchen Zügen kann er ab Mannheim fahren? Wie lange dauert jeweils die Fahrt?

d) Herr Breitrück möchte von Mannheim nach München fahren.
Welcher ist der schnellste Zug?

e) Frau Mildenberger fährt von Mannheim nach Offenburg. Mit welchem Zug fährt sie?
Wie lange dauert die Fahrt?

4 Familie Schmidt fährt mit dem ICE 896 von Mannheim nach Göttingen. In Fulda steigt Frau Groß zu, sie fährt bis Berlin Hauptbahnhof.

a) Wie lange fährt Familie Schmidt?

b) Wie lange fährt Frau Groß?

c) Wie lange sind Familie Schmidt und Frau Groß gemeinsam im ICE 896?

 5 Besorgt euch einen Abfahrtsfahrplan des nächsten Bahnhofs. Erfindet Aufgaben zu diesem Fahrplan und lasst sie von euren Mitschülern lösen.

Zeitleiste

1 Bestimmt das Entstehungsjahr der Erfindungen.

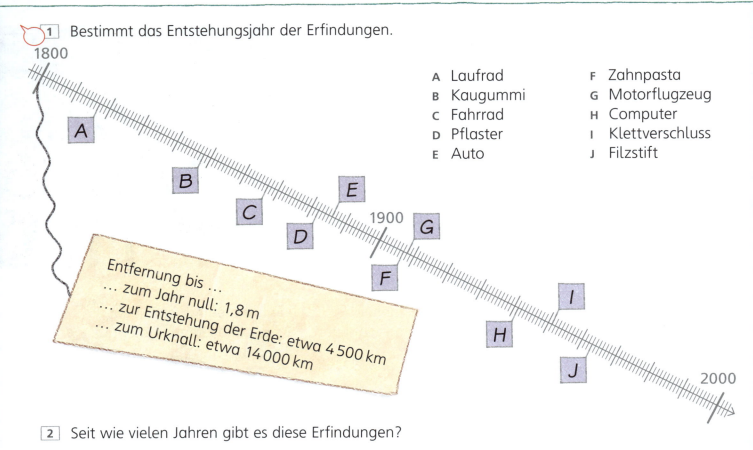

A Laufrad
B Kaugummi
C Fahrrad
D Pflaster
E Auto

F Zahnpasta
G Motorflugzeug
H Computer
I Klettverschluss
J Filzstift

Entfernung bis …
… zum Jahr null: 1,8 m
… zur Entstehung der Erde: etwa 4500 km
… zum Urknall: etwa 14000 km

2 Seit wie vielen Jahren gibt es diese Erfindungen?

a) Zahnpasta   b) Klettverschluss   c) Pflaster   d) Filzstift   e) Kaugummi

3 Wie viele Jahre liegen zwischen diesen Erfindungen?

a) Laufrad bis Fahrrad   b) Fahrrad bis Auto

c) Laufrad bis Motorflugzeug   d) Pflaster bis Klettverschluss

4 a) Lea hat eine Zeitleiste mit Ereignissen erstellt, die für sie wichtig sind.
Lies die Ereignisse mit der jeweiligen Jahreszahl ab.

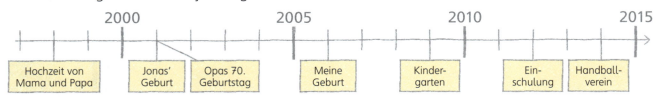

b) Sammle für dich wichtige Ereignisse. Erstelle dazu eine eigene Zeitleiste und trage
die Ereignisse ein.

5 Erstellt eine Zeitleiste von 1900 bis 2010. Ordnet die Telefone den Jahreszahlen zu
und tragt die Buchstaben an der Zeitleiste ein.

1900   1930   1970   1990   2000   2010

1 Zeitleiste besprechen
4b DIN-A3-Blatt verwenden

Wahrscheinlichkeit

 1

| sicher | wahrscheinlich | möglich | unmöglich | unwahrscheinlich |

A Mein Vater ist älter als ich.

B Heute gibt es Hausaufgaben.

C Ein Einhorn fliegt über den Schulhof.

D Mit zwei Würfeln würfle ich insgesamt 7 Punkte.

E Morgen wird es bei uns schneien.

a) Ordnet jedem Satz einen passenden Begriff zu.

b) Schreibt zu den Begriffen noch weitere Sätze auf.

2 Ordne den Sätzen die passenden Beutel zu.

a) Es ist sicher, dass Lisa eine rote Kugel zieht.

b) Es ist wahrscheinlich, aber nicht sicher, dass Lisa eine blaue Kugel zieht.

c) Es ist unwahrscheinlich, aber möglich, dass Lisa eine rote Kugel zieht.

d) Es ist unmöglich, dass Lisa eine blaue Kugel zieht.

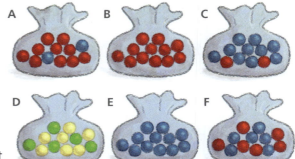

3 Schreibe weitere Sätze wie in Aufgabe 2. Welche Beutel passen zu deinen Sätzen?

 4 Mit welchem Würfel ist die Wahrscheinlichkeit am größten eine Vier zu würfeln? Ordnet nach der Wahrscheinlichkeit.

5

Station 1

Führt die verschiedenen Experimente mit den Würfeln durch und beantwortet die Fragen.

Station 2

Führt die verschiedenen Experimente mit den Münzen durch. Fertigt zu jedem Experiment eine Strichliste an. Was fällt euch auf?

Station 4

Füllt die Beutel immer mit 20 Steckwürfeln, sodass sie zu den Aussagen passen. Zeichnet eure Lösung. Überprüft eure Lösung, indem ihr das Experiment selbst durchführt.

Station 3

Zeichnet zu jeder Aussage ein passendes Glücksrad.

Übungen zum Kopfrechnen

 1 Rechnet die Aufgaben im Kopf.
Erklärt euren Mitschülern, wie ihr gerechnet habt.
Vergleicht und besprecht eure Vorgehensweisen.

34 660 + 23 299	349 · 3
56 783 − 25 104	545 : 5

Als Erstes rechne ich 34 000 + 23 000, dann …

2

a) 65 376 + 23 258

60 000 + 20 000
65 000 + 20 000
65 000 + 23 000
65 300 + 23 000
65 300 + 23 200
65 370 + 23 200
65 376 + 23 200
65 376 + 23 250
65 376 + 23 258

b) 65 376 − 23 258

60 000 − 20 000
65 000 − 20 000
65 000 − 23 000
65 300 − 23 000
65 300 − 23 200
65 370 − 23 200
65 376 − 23 200
65 376 − 23 250
65 376 − 23 258

c) 49 837 + 33 685

40 000 + 30 000
49 000 + 30 000
49 000 + 33 000
49 800 + 33 000
49 800 + 33 600
49 830 + 33 600
49 837 + 33 600
49 837 + 33 680
49 837 + 33 685

d) 49 837 − 33 685

40 000 − 30 000
49 000 − 30 000
49 000 − 33 000
49 800 − 33 000
49 800 − 33 600
49 830 − 33 600
49 837 − 33 600
49 837 − 33 680
49 837 − 33 685

3 Erstellt zu jeder Aufgabe ein Päckchen wie in Aufgabe 2 und rechnet im Kopf.

a) 23 634 + 12 326 **b)** 75 846 − 34 653 **c)** 59 271 + 33 617 **d)** 72 825 − 67 484

4 Ergänze im Kopf zum nächsten Hunderter.
Schreibe so: *3 448 + 52 = 3 500*

a)	**b)**	**c)**
3 448	47 099	3
172	1 907	35 555
10 960	55	1 011

5 Ergänze im Kopf zum nächsten Tausender.
Schreibe so: *4 567 + 433 = 5 000*

a)	**b)**	**c)**
4 567	3 893	6
12 904	7 022	10 119
444	17 838	62 376

 6 Zeichne die Tabellen in dein Heft und ergänze sie.

a)

·	700	30	8	738
200				
40				
6				
246				181 548

b)

·	600	50	4	654
300				
70				
3				
373				243 942

c)

:	4	8	10	5
4 000				
4 800				
4 840				
4 848				

d)

:	3	6	10	5
6 000				
6 300				
6 360				
6 366				

1 Unterschiedliche Kopfrechenstrategien der Kinder vorstellen und wertschätzen
2–6 Aufgaben im Kopf rechnen
4, 5 Zur Kontrolle schriftlich rechnen

Im Kopf, halbschriftlich oder schriftlich rechnen

1

Ich rechne meine Aufgabe im Kopf.

3 000 : 6

Sarah

824 : 4

Ich rechne halbschriftlich.

Simon

824 : 4 = 206
800 : 4 = 200
 24 : 4 =   6

Ich rechne schriftlich.

2 387 + 6 798

Rahima

$$\begin{array}{r} 2\,387 \\ +\,6\,798 \\ \hline {\scriptstyle 1\ 1\ 1} \\ \hline 9\,185 \end{array}$$

 2 Überlegt, in welchen Alltagssituationen im Kopf, halbschriftlich oder schriftlich gerechnet wird. Begründet.

3 Rechne im Kopf, halbschriftlich oder schriftlich.

a)	b)	c)	d)
5 020 + 4 300	4 673 − 3 679	400 · 350	5 600 : 80
6 653 + 8 578	8 008 − 2 050	321 · 3	3 402 : 9
9 991 + 1 119	3 000 − 2 998	3 459 · 81	5 510 : 5
4 040 + 2 010	8 386 − 4 287	5 005 · 6	742 : 7

4 Setze fort. Rechne in jedem Päckchen die erste Aufgabe halbschriftlich oder schriftlich und die restlichen Aufgaben im Kopf.

a)	b)	c)	d)
3 846 + 359	7 451 − 3 468	358 · 65	4 355 : 5
3 847 + 360	7 449 − 3 470	358 · 66	4 345 : 5
3 848 + 361	7 447 − 3 472	358 · 67	4 335 : 5

 5

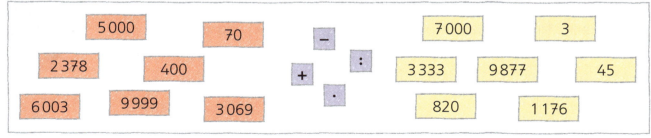

5 000   70   −   7 000   3

2 378   400   :   3 333   9 877   45

6 003   9 999   3 069   +   ·   820   1 176

a) Bilde mindestens vier Aufgaben, die du leicht im Kopf rechnen kannst.

b) Bilde mindestens vier Aufgaben, die du halbschriftlich rechnest.

c) Bilde mindestens vier Aufgaben, die du schriftlich rechnest.

Vierecke zeichnen und untersuchen

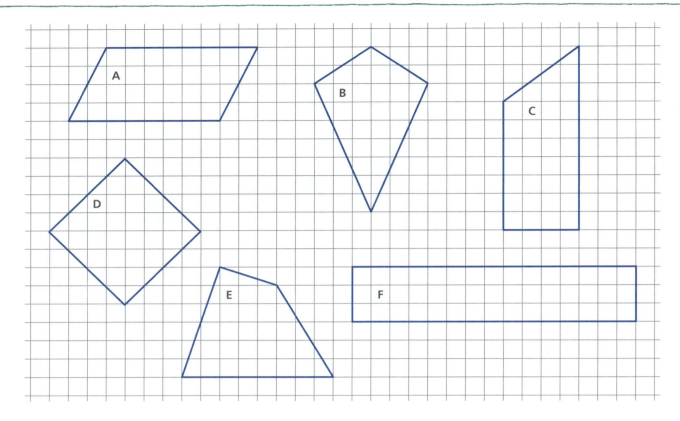

1 Zeichne die Vierecke A bis L in dein Heft. Markiere zuerst die Eckpunkte.

a) Kennzeichne alle rechten Winkel (⌐).

b) Färbe die zueinander parallelen Seiten jeweils in der gleichen Farbe.

c) Ein Viereck, das mindestens ein Paar zueinander paralleler Seiten hat, heißt **Trapez**. Schraffiere alle Trapeze so: ▨

d) Ein Viereck, bei dem jeweils zwei gegenüberliegende Seiten parallel sind, heißt **Parallelogramm**. Schraffiere alle Parallelogramme so: ▨

e) Ein Viereck, bei dem jeweils zwei gegenüberliegende Seiten parallel und gleich lang sind und das außerdem vier rechte Winkel hat, heißt **Rechteck**. Färbe alle Rechtecke gelb: ▨

f) Ein Viereck, das vier gleich lange Seiten und vier rechte Winkel hat, heißt **Quadrat**. Färbe alle Quadrate grün: ▨

2 Diese Namen habt ihr kennengelernt:
Viereck, **Trapez**, **Parallelogramm**, **Rechteck** und **Quadrat**.

Könnt ihr eine Figur mit vier Ecken zeichnen, auf die keiner der fünf Namen passt? Begründet.

3 Ergänzt die Sätze.

a) Jedes Quadrat ist auch ein …

b) Jedes Rechteck ist auch ein …

c) Jedes Parallelogramm ist auch ein …

d) Jedes Trapez ist auch ein …

e) Es gibt Trapeze, die keine … sind.

f) Es gibt Rechtecke, die keine … sind.

1 Ggf. Kopiervorlage nutzen
2 Thematisieren, dass Bezeichnung „Viereck" für alle Figuren gilt

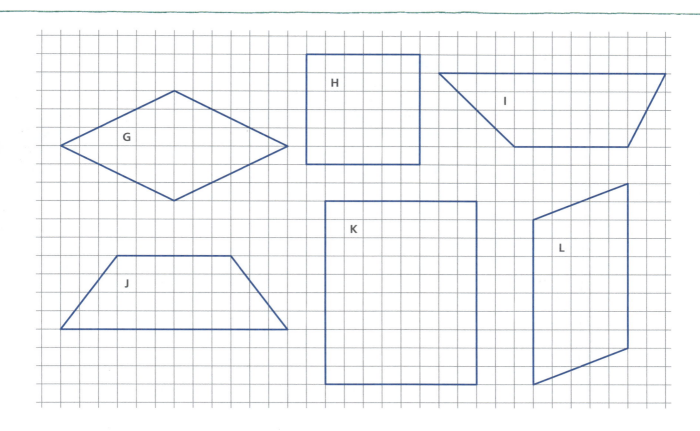

4 Zeichne die Vierecke mit dem Geodreieck auf Zeichenpapier und schreibe die Seitenlängen dazu.

    a) Rechteck   **b)** Trapez   **c)** Quadrat   **d)** Parallelogramm

5 **a)** Markiere die Punkte mit deiner Zeichenuhr und verbinde sie in der angegebenen Reihenfolge.

    | B4, C3, E4, F3 | H1, H4, I6, I4 | B4, H3, E4, G1 | B1, B2, E1, E2 |

  b) Kennzeichne die gezeichneten Vierecke wie bei Aufgabe 1. Schreibe zu jeder Figur mit Rotstift den Namen, der das Viereck am genauesten bezeichnet.

  c) Schreibe zu den gezeichneten Vierecken jeweils mit Bleistift die Namen dazu, die auch passen würden. Begründe.
Beispiel: *Quadrat*
Rechteck: je 2 parallele Seiten, 4 rechte Winkel
Parallelogramm: je 2 parallele Seiten
Trapez: 2 parallele Seiten
Viereck: 4 Ecken

6 Zeichne jeweils zwei Vierecke in verschiedenen Größen mit der Zeichenuhr. Schreibe die Eckpunkte auf.

    a) Quadrat   **b)** Rechteck

    c) Parallelogramm   **d)** Trapez

Einführung des Taschenrechners

1 Display

Löschung der letzten Eingabe (C = clear)

Einschalten und Gesamtlöschung (AC = all clear)

Ich benutze den Taschenrechner zur Kontrolle.

Was bedeuten die Tasten ÷, ✕ und • ?

2 Finde die Fehler. Überprüfe mit dem Taschenrechner und schreibe die falschen Aufgaben richtig in dein Heft.

a) 98 367 + 64 519 = 162 896
891 366 − 760 508 = 130 858

b) 452 · 589 = 266 228
162 174 : 453 = 458

c) 74 821 − 65 339 = 9 482
84 112 : 14 = 6 008

3 Rechnet die Aufgaben mit dem Taschenrechner. Beobachtet dabei das Display. Was fällt euch auf?

a) 5 + 8 + 7

b) 12 + 9 + 7 + 13

c) 3 · 4 · 5

d) 50 + 13 + 50 + 13

4 Einer von euch rechnet das ganze Päckchen mit dem Taschenrechner. Der andere rechnet im Kopf. Wer ist schneller? Wechselt euch ab.

a) 350 : 50
8 456 − 2 001
9 · 13
3 012 + 468

b) 320 : 80
6 748 − 1 999
7 · 14
4 013 + 547

c) 1 000 : 4
10 000 − 9 994
20 · 8
455 + 199

d) 1 000 : 5
10 000 − 9 996
30 · 6
365 + 199

5 Rechne mit dem Taschenrechner. Drehe den Taschenrechner dann auf den Kopf. Schreibe die Wörter auf.

a) 22 173 : 3
10 816 : 4
42 048 : 12

b) 48 889 + 25 046
19 225 + 20 087
10 969 + 28 170

c) 147 107 · 5
23 993 · 23
7 544 · 98

6 Finde fünf verschiedene Aufgaben mit deinem Taschenrechner, die das Wort LIBELLE als Ergebnis haben, wenn du den Taschenrechner auf den Kopf drehst.

7 Tippt die beiden Tastenfolgen 4 · 7 + 5 = und 5 + 7 · 4 = in den Taschenrechner.

a) Begründet die beiden Ergebnisse.

b) Was müsst ihr eintippen, damit bei der Aufgabe 4 · 7 + 5 das gleiche Ergebnis herauskommt wie bei der Aufgabe 5 + 7 · 4?

1 Über die Tasten und deren Funktionen am Taschenrechner sprechen; Taschenrechner als Kontrollinstrument thematisieren

Teilbarkeitsregeln

1

924

924 ist durch 2 teilbar, da die letzte Ziffer gerade ist. Jede gerade Zahl ist durch 2 teilbar.

*Die **Quersumme** von 924 ist 15, denn 9 + 2 + 4 = 15.*

*924 ist durch 3 teilbar, da die **Quersumme** durch 3 teilbar ist.*

2

600	6 189	7 004	4 962	328	12 042	948	3 141

a) Welche Zahlen sind durch 2 teilbar?

b) Welche Zahlen sind durch 3 teilbar?

c) Welche Zahlen sind durch 2 und 3 teilbar?

d) Welche Zahlen sind durch 6 teilbar? Überprüft mit einem Taschenrechner. Was fällt euch auf?

e) Notiert die Regel, wann eine Zahl durch 6 teilbar ist.
Schreibt so: *Eine Zahl ist durch 6 teilbar, wenn ...*

3

> **A** Eine Zahl ist durch 4 teilbar, wenn die letzten beiden Ziffern der Zahl Nullen sind.

> **B** Eine Zahl ist durch 4 teilbar, wenn die letzte Ziffer der Zahl gerade ist.

> **C** Eine Zahl ist durch 4 teilbar, wenn die aus ihren letzten beiden Ziffern gebildete Zahl durch 4 teilbar ist.

a) Sucht zu jeder Regel mindestens sechs passende vierstellige Zahlen und findet so heraus, ob die Regel stimmt. Versucht auch Zahlen zu finden, bei denen die Regeln nicht gelten. Benutzt den Taschenrechner.

b) Wann ist eine Zahl durch 4 teilbar?
Schreibt so: *Eine Zahl ist durch 4 teilbar, wenn ...*

c) Findet weitere vierstellige Zahlen, die durch 4 teilbar sind.

4 Diese Zahlen sind durch 9 teilbar. Untersucht die Zahlen und notiert die Regel. Überprüft eure Regel mit weiteren Beispielen.

279	54	981	1 044	360	3 456	9 999	432

5 Findet jeweils sechs Zahlen, die durch die vorgegebenen Zahlen teilbar sind. Notiert zu jeder Zahl die Teilbarkeitsregel.

a) 20   b) 25   c) 100   d) 1 000   e) 250

1 Teilbarkeitsregeln für die Teilbarkeit von Zahlen durch 2 und 3 besprechen; den Begriff „Quersumme" thematisieren
2–5 Teilbarkeitsregeln für die Teilbarkeit der entsprechenden Zahlen formulieren

109

Vielfache und Teiler

1	2	3	4	5	6	7	8	9	10
11	12	13	14	15	16	17	18	19	20
21	22	23	24	25	26	27	28	29	30
31	32	33	34	35	36	37	38	39	40
41	42	43	44	45	46	47	48	49	50
51	52	53	54	55	56	57	58	59	60
61	62	63	64	65	66	67	68	69	70
71	72	73	74	75	76	77	78	79	80
81	82	83	84	85	86	87	88	89	90
91	92	93	94	95	96	97	98	99	100

a) Färbt in einer Hundertertafel alle Felder mit den Vielfachen von 2 gelb.

b) Unterstreicht alle Vielfachen von 4 und kreist alle Vielfachen von 8 ein.
Was fällt euch auf?

c) Färbt in einer weiteren Hundertertafel die Vielfachen von 3 hellgrün und kreist die Vielfachen von 9 ein.

d) Findet gemeinsame Vielfache von 3, 6 und 9 mithilfe der Hundertertafel.

 2 Überprüfe die Aussagen mithilfe des Taschenrechners.
Schreibe falsche Aussagen richtig in dein Heft.

a) 345 ist ein Vielfaches von 5.

b) Es gibt zwei Zahlen zwischen 60 und 70, die gemeinsame Vielfache von 4 und 8 sind.

c) 123 ist ein Vielfaches von 3.

d) 21 und 42 sind Vielfache von 3, 6 und 7.

e) 81 ist das kleinste gemeinsame Vielfache von 9 und 27.

 3 Zeichnet zu jeder Zahl die passenden rechteckigen Punktebilder und bestimmt die Teiler der Zahlen.

a) 6
   18
   10

b) 19
   32
   23

S. 110 Nr. 3

a)
1 · 6
3 · 2
6 · 1
2 · 3

Teiler von 6: 1, 2, 3, 6

 4 Teiler-Vielfache-Spiel

Material: 40 Kärtchen mit den Zahlen von 1 bis 40

Spielregeln: Legt die Kärtchen offen in die Mitte des Tisches. Der älteste Spieler beginnt.

Er wählt ein beliebiges Kärtchen und gibt es seinem linken Nachbarn. Dieser sucht sich ein Kärtchen aus der Mitte mit einem Teiler oder einem Vielfachen der Zahl, die er vorher bekommen hat. Er gibt das neue Kärtchen an seinen linken Nachbarn weiter. Das Spiel geht reihum weiter, bis kein passendes Kärtchen mehr gefunden werden kann.

Gewonnen hat der Spieler, der zuletzt ein Kärtchen bekommen hat.

1 Begriff „Vielfaches" wiederholen; Kopiervorlage nutzen
3 Begriff „Teiler" wiederholen
4 Ggf. Kopiervorlage nutzen

Primzahlen

 1 Welche dieser Zahlen sind Primzahlen? Überprüfe mit dem Taschenrechner.

15	76	43	51	103

94	11	99	83

> Primzahlen sind Zahlen, die genau zwei verschiedene Teiler haben. Sie sind nur durch 1 und durch sich selbst teilbar.

 2 a) Warum ist 1 keine Primzahl? Begründet.

b) Warum gibt es nur eine gerade Primzahl? Welche ist es? Begründet.

c) Es gibt zwei aufeinanderfolgende Zahlen zwischen 1 und 1 000, die Primzahlen sind. Wie heißen diese Zahlen? Warum gibt es nur ein solches Zahlenpaar?

 3 Überprüfe die Aussagen. Schreibe falsche Aussagen richtig in dein Heft.

a) 117 ist eine Primzahl.

b) Addiert man zwei Primzahlen, so erhält man immer eine ungerade Zahl.

c) Es gibt zwei Primzahlen, deren Summe 30 ist.

d) Die Quersumme einer Primzahl ist nie eine Primzahl.

e) Eine dreistellige Zahl, die als letzte Ziffer eine 5 hat, kann nie eine Primzahl sein.

4 Im Sportunterricht sollen sich die Kinder in mindestens zwei Reihen aufstellen. In jeder Reihe sollen mindestens zwei Kinder stehen und die Reihen sollen immer gleich lang sein.

a) Welche Reihen sind möglich, wenn 27 Kinder in der Klasse sind?

b) Welche Reihen sind möglich, wenn 24 Kinder in der Klasse sind?

c) Können auf diese Weise für jede Anzahl zwischen 20 und 30 Kindern Reihen gebildet werden? Begründet.

 5 **Primzahl-Quiz**

Material: ein Taschenrechner pro Kind, Stifte und Papier

Spielregeln: Der erste Spieler schreibt eine dreistellige Zahl auf ein Blatt und legt es in die Mitte des Tisches.

Die anderen Spieler untersuchen, ob diese Zahl eine Primzahl ist. Dafür dürfen sie auch einen Taschenrechner verwenden.
Wer zuerst einen Teiler der Zahl findet, der nicht die Zahl selbst und auch nicht die Zahl 1 ist, erhält einen Punkt. Falls die Zahl auf dem Zettel eine Primzahl ist, oder falls kein Spieler einen Teiler finden kann, erhält der Spieler einen Punkt, der die Zahl geschrieben hat. Danach ist der nächste Spieler an der Reihe.

Gewonnen hat der Spieler mit den meisten Punkten.

Knobelaufgabe

Aus welchem Netz kann man keinen Körper herstellen? Löse im Kopf.

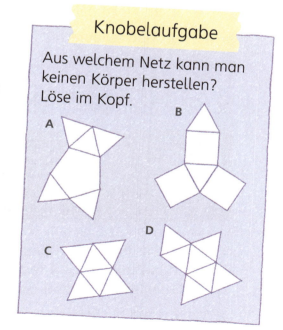

1 Begriff „Primzahl" thematisieren
5 Ggf. Sanduhr zur Zeitlimitierung verwenden; Differenzierung mit eingeschränktem Zahlenraum möglich

111

1 Ergänze zum nächsten Hunderter.

a)	4678	b)	55384	c)	21285
	211		1791		17
	17163		10452		339

2 Ergänze zum nächsten Tausender.

a)	3471	b)	29177	c)	8068
	16213		14092		19015
	406		5124		61249

3 Rechne im Kopf, halbschriftlich oder schriftlich.

a)	6125 + 3200	b)	7894 − 2568	c)	520 · 3	d)	4200 : 60
	3478 + 2947		6500 − 2300		4378 · 67		312 : 4
	2888 + 8222		4009 − 2070		3003 · 10		2723 : 7

4 Zeichne die Vierecke ab und benenne sie.

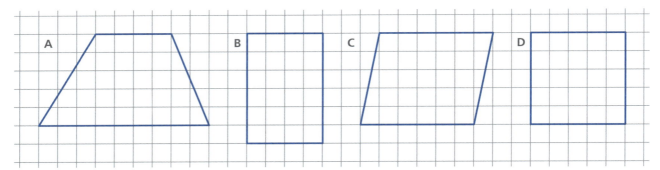

5 Schreibe die falschen Aussagen richtig in dein Heft.

a) Jedes Parallelogramm ist auch ein Rechteck.

b) Jedes Quadrat ist auch ein Trapez.

c) Jedes Trapez ist auch ein Quadrat.

d) Jedes Quadrat ist auch ein Rechteck.

e) Jedes Parallelogramm ist auch ein Trapez.

f) Jedes Trapez ist ein Viereck.

6 Finde mindestens vier Zahlen,

a) die durch 3 teilbar sind.

b) die durch 4 teilbar sind.

c) die durch 8 teilbar sind.

d) die durch 9 teilbar sind.

e) die durch 50 teilbar sind.

f) die Vielfache von 6 sind.

g) die Vielfache von 8 sind.

h) die Primzahlen sind.

7 Das ist ein Fahrplanausschnitt vom Hauptbahnhof in Mannheim:

7.36 ✗	ICE 506 ⁞⁞	Mainz Hbf 8.16 – Koblenz Hbf 9.05 – Bonn Hbf 9.37 – Köln Hbf 9.59 – Düsseldorf Hbf 10.31 – Duisburg Hbf 10.44 – Essen Hbf 10.57 – Dortmund Hbf 11.19 – **Bielefeld Hbf 12.08**	2
7.43	RE 3108	Ma-Waldhof 7.49 – Lampertheim 7.55 – Biblis 8.05 – **Frankfurt (Main) Hbf 8.55**	7

a) Herr Moser fährt von Mannheim nach Frankfurt.
Der Zug verlässt pünktlich den Hauptbahnhof. In Frankfurt hat er 7 min Verspätung.
Wie lange ist Herr Moser unterwegs?

b) Wie lange braucht der ICE 506 von Köln nach Bielefeld?

Aufgaben zur Selbsteinschätzung als Kopiervorlage im Handbuch

1 Eine Kordel ist aus drei verschiedenfarbigen Teilen zusammengeknotet. Ein Viertel ist grün, die Hälfte ist gelb und 10 m sind lila. Wie lang ist das grüne Stück? Wie lang ist das gelbe Stück?

2 Schreibe die falschen Aussagen richtig in dein Heft.

a) Ein Rechteck ist immer auch ein Quadrat, da die gegenüberliegenden Seiten gleich lang sind.

b) Ein Parallelogramm ist drehsymmetrisch.

c) Bei einem Viereck sind alle vier Winkel rechte Winkel.

d) Bei einem Trapez sind zwei Seiten parallel.

e) Jedes Quadrat ist ein Rechteck.

f) Jedes Rechteck ist ein Quadrat.

3 Aus welchen Teilen **A** bis **G** sind die Steckwürfelgebäude **a)** bis **h)** zusammengesetzt? Du darfst die Teile auch drehen und kippen. Löse zuerst im Kopf und überprüfe dann mit Steckwürfeln.

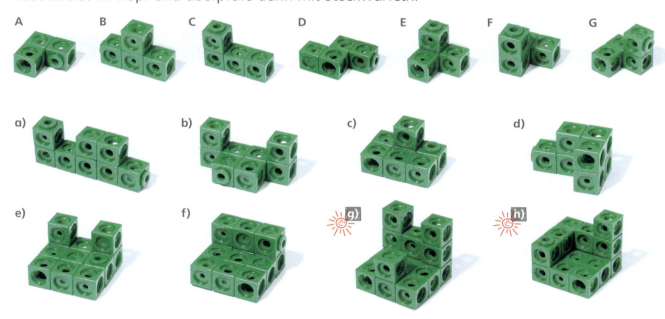

4 Tim und Anne treffen sich um 15.00 Uhr. Sie möchten möglichst schnell im 10 km entfernten Schwimmbad ankommen. Tim hat sein Fahrrad dabei. Die beiden vereinbaren, dass jeder die halbe Strecke zu Fuß geht und die halbe Strecke mit dem Fahrrad fährt. Tim fährt zuerst mit dem Rad, stellt es auf halber Strecke an einen Baum und geht zu Fuß weiter. Als Radfahrer fahren sie jeweils mit einer Geschwindigkeit von 20 km pro Stunde, als Fußgänger legen sie jeweils 5 km pro Stunde zurück.

Übungen zum Sachrechnen

1 Ordne jeder Sachaufgabe passende Antworten zu.
Löse dann die Aufgabe.

a) Die Klasse 4a fährt auf Klassenfahrt.
Am ersten Tag macht sie eine 9 km lange
Wanderung. Für 1,5 km braucht die Klasse 1 h.
Wie lange sind die Kinder unterwegs?

Sie wandern fast 10 km.

Sie sind 6 h unterwegs.

Sie brauchen $4\frac{1}{2}$ h.

Sie wandern $1\frac{1}{2}$ h.

Sie sind $4\frac{1}{2}$ h unterwegs.

Sie wandern 9 km.

b) In der Jugendherberge werden die 12 Mädchen
und die 16 Jungen auf Sechsbettzimmer verteilt.
Wie viele Zimmer werden benötigt?

In einem Zimmer sind nur 4 Jungen.

Es kommen jeweils 6 Mädchen in ein Zimmer.

Es werden 5 Zimmer benötigt.

Es werden 4 Dreibett- und 2 Achtbettzimmer benötigt.

2 Verändere die Sachaufgabe so,
dass sie sich leichter lösen lässt.

Mit einfacheren Zahlen ist die Aufgabe leichter zu durchschauen.

a) Anzahlen verändern

b) Preise verändern

c) unwichtige Angaben streichen

Die 19 Kinder der Klasse 4b machen auf ihrer Klassenfahrt mit 2 Begleitpersonen
einen Ausflug ins Museum. An der Kasse ist eine lange Schlange. Der Eintritt kostet
pro Kind 6,45 €. Die Begleitpersonen müssen jeweils 8,45 € bezahlen.

3 Verändert die Sachaufgabe nach den Vorgaben. Schreibt die abgeänderten Aufgaben in
euer Heft, löst und beantwortet sie.

a) Anzahlen verändern

b) Preise verändern

c) Aufgabe verkürzen

d) Aufgabe ausschmücken

e) Aufgabe mit zusätzlichen
Preisen ergänzen

f) ähnliche Aufgabe erfinden

Die Klasse 4c macht eine Klassenfahrt in den Schwarzwald. Sie schläft drei Nächte in einer
Jugendherberge. Für jeden Tag sind Ausflüge geplant. Die Klassenfahrt kostet für jedes der
28 Kinder 115,75 €. Für die Busfahrt muss jedes Kind noch zusätzlich 12,60 € bezahlen.

Wie viel Geld sammelt die Lehrerin von allen Kindern zusammen ein?

 2 Schreibt zu einem Vorschlag der Kinder aus Aufgabe 1 eure Ideen auf oder schreibt wichtige Planungspunkte zu eurer eigenen Idee für ein Abschlussfest auf.
Was muss alles bei der Planung beachtet werden? Wie könnte der Ablauf sein?
Welche Kosten entstehen?

 3 Erfindet Sachaufgaben zu den Ideen der Kinder aus Aufgabe 1. Lasst sie von anderen Kindern eurer Klasse lösen.

Römische Zahlen

Mauer von 1927

Gebäude von 1889

2 Sucht in eurer Umgebung römische Zahlen.

3 So liest und schreibt man römische Zahlen:

I	X	C	M	V	L	D
1	10	100	1000	5	50	500

Links steht das Zahlzeichen mit dem größten Wert, dann folgen der Reihe nach die kleineren. Alle Werte werden von links nach rechts addiert.

XXV = 10 + 10 + 5 = 25
DL   = 500 + 50 = 550

Ausnahme:
Steht I vor X oder V, X vor C oder L, C vor M oder D wird subtrahiert.
IV = 5 – 1 = 4
XL = 50 – 10 = 40

Jedes Zahlzeichen darf höchstens dreimal in einer Zahl nebeneinander vorkommen.
XXXIX = 30 + 9 = 39
CCCXC = 300 + 90 = 390

Ausnahme:
V, L und D dürfen in einer Zahl nur einmal vorkommen.

a) Wie heißen die Zahlen?

| VII | XIII | CC | CD | LXXX | LXXV | CCCXXVI | MCCXVII |

b) Schreibe mit römischen Zahlzeichen.

| 36 | 99 | 246 | 285 | 1001 | 1011 | 1988 | 2000 |

4 Schreibe dein Geburtsdatum mit römischen Zahlzeichen.

5 a) Für ihren Lammbraten benötigt Flavia XVIII verschiedene Gewürze. XII Gewürze hat sie noch in der Vorratskammer.

b) Quintus hat an einem Tag IX selbst getöpferte Gefäße verkauft. Jedes Gefäß hat XXVIII Sesterzen gekostet.

6 Erfindet eigene Sachaufgaben mit römischen Zahlen. Sammelt sie in der Klasse und löst einige der Aufgaben.

1 Römische Zahlen kennen und deren Aufbau verstehen lernen
5 Frage, Lösungsweg und passenden Antwortsatz im Heft notieren

Adam Ries

1 Adam Ries war ein berühmter Mathematiker, der vor etwa 500 Jahren lebte. Er gründete in Annaberg/Sachsen eine Rechenschule. Dort lehrte er das Rechnen auf dem Rechenbrett mit Rechenpfennigen.

50 + 20 + 5 + 3, das macht nach Adam Ries …

Regeln:
- Auf einer Linie dürfen höchstens 4 Rechenpfennige liegen.
- In einem Zwischenraum darf höchstens ein Rechenpfennig liegen.

2 Legt auf dem Rechenbrett. Beachtet die Regeln.

a) 80   b) 47   c) 61   d) 39   e) 200   f) 111   g) 1 001

3 Addiert auf dem Rechenbrett.   84 + 98

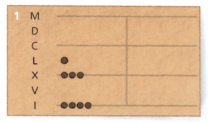

Legt die Zahl 84 in die erste Spalte.

Legt die Zahl 98 in die zweite Spalte.

Schiebt alle Rechenpfennige in die erste Spalte.

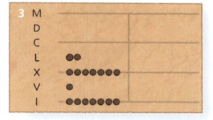

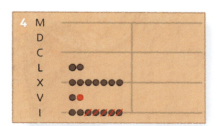

Tauscht fünf 1er-Pfennige in einen 5er-Pfennig um.

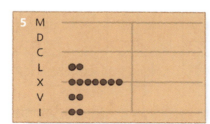

Wie rechnet ihr weiter?

4 Rechnet auf dem Rechenbrett. Schreibt nur die Lösungen auf.

a) 63 + 54   b) 387 + 416   c) 108 + 85   d) 626 + 791   e) 3 · 274

1 Systematik des Rechenbretts kennenlernen; ggf. weitere Informationen zu Adam Ries sammeln lassen
3 Addition auf dem Rechenbrett nachvollziehen
2–4 Ggf. Kopiervorlage nutzen

117

Würfelgebäude – Schrägbilder

1 So könnt ihr einen Würfel im Schrägbild zeichnen. Beschreibt.

1.
2.
3.

2 Zeichne das Schrägbild jeder Figur in dein Punktegitter.

a)

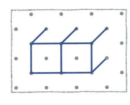

b)

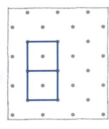
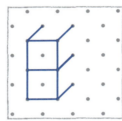
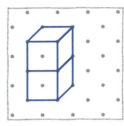

3 Zeichne das Schrägbild jeder Figur in dein Punktegitter.

a)
b)
c)
d)

4 Zeichne das Schrägbild jeder Figur in dein Heft und baue das Würfelgebäude dazu.

a)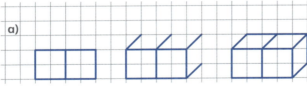
b)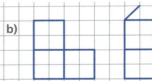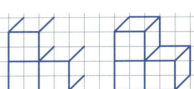

c)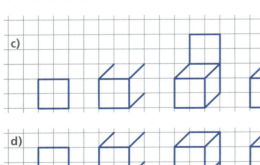

d)

5 Baue eigene Würfelgebäude und zeichne die Schrägbilder in dein Heft.

6 Welcher Bauplan passt zu welchem Schrägbild? Ordne zu. Ein Bauplan bleibt übrig.

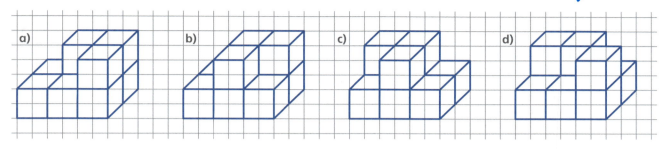

a)   b)   c)   d)

1

1	2	2
1	2	1

2

2	2	1
1	1	2

3

2	2	1
1	2	1

4

2	1	2
1	1	2

5

1	2	2
1	1	2

7 Zeichne zu jedem Gebäude den Bauplan. Bestimme auch die Anzahl der Würfel.

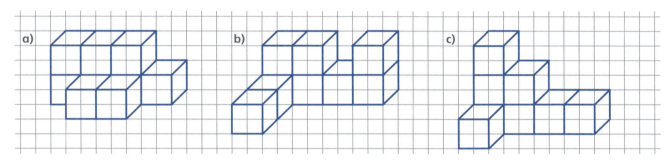

a)   b)   c)

8 Baue zu jedem Bauplan das passende Gebäude. Zeichne jeweils das Schrägbild in dein Heft.

a)

2	1	2

b)

1
1
3

c)

	1	
1	2	1
	1	

d)

1	2	2	1
1	1		

9 Zeichne ein Würfelgebäude als Schrägbild. Dein Partner zeichnet den Bauplan dazu. Wechselt euch ab.

10 Zeichne zu jedem Gebäude ein Schrägbild aus einer anderen Richtung.

a)

b)

c)

11 Zeichne zu jedem Bauplan das passende Schrägbild, ohne die Gebäude vorher zu bauen.

a)

3	4
1	2

b)

4	3
3	3
2	1

c)

4	4	1
2	3	

Ansichten

1 Von welcher Seite wurden die Bilder A bis E gemacht?

von rechts	von links	von hinten	von vorne	von oben

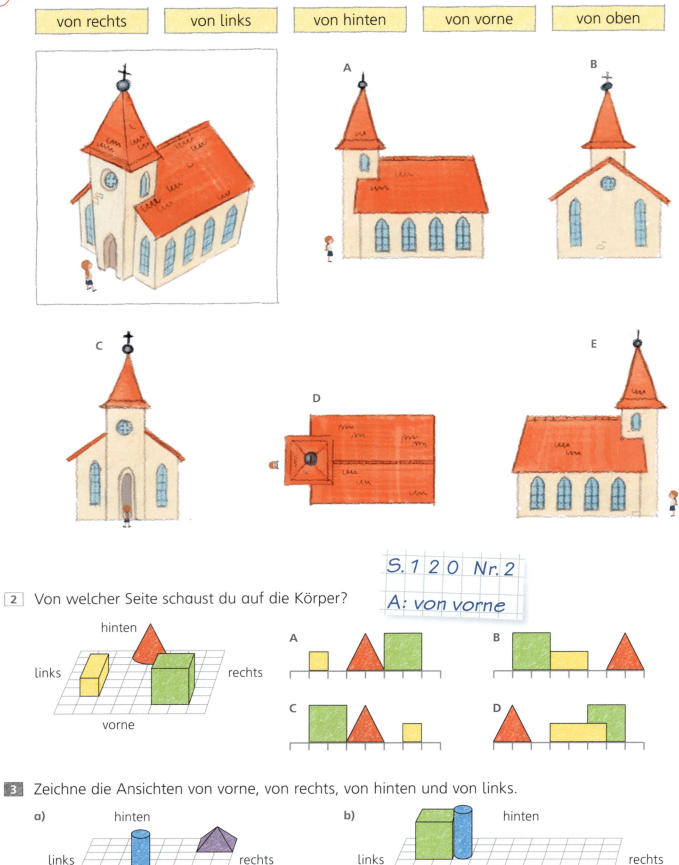

2 Von welcher Seite schaust du auf die Körper?

S.120 Nr.2

A: von vorne

3 Zeichne die Ansichten von vorne, von rechts, von hinten und von links.

a)

b)

1 Ansichten thematisieren

Bruchzahlen

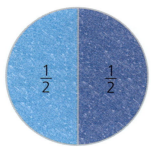 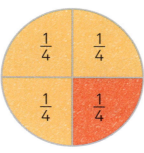 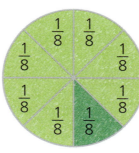 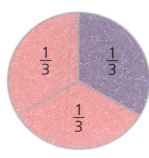

| ein halber Kreis | ein viertel Kreis | ein achtel Kreis | ein drittel Kreis |

2 a) Nehmt kleine quadratische Zettel und faltet so, dass Halbe, Viertel und Achtel entstehen. Findet für jeden Bruchteil verschiedene Möglichkeiten.

   b) Versucht auch Drittel und Sechstel zu falten.

3 Zeichne die Rechtecke in dein Heft. Färbe jeweils die angegebenen Bruchteile.

a)

$\dfrac{1}{5}$

b)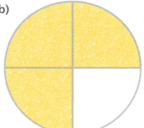

$\dfrac{1}{6}$

c)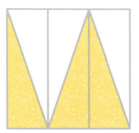

$\dfrac{2}{3}$

d)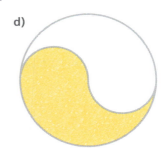

$\dfrac{3}{9}$

4 Welche Bruchteile sind gelb gefärbt? Schreibe die passende Bruchzahl.

a) 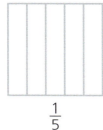   b) 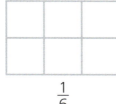   c) 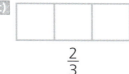   d)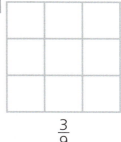

5 Zu Toms Geburtstag hat seine Mutter eine Torte gebacken. Als Oma zu Besuch kommt, sind bereits 8 Stücke gegessen. Dies sind $\frac{2}{3}$ der Torte.

6 In der Klasse 4c sind insgesamt 24 Kinder.

a) $\frac{2}{3}$ der Kinder sind Mädchen.

b) $\frac{1}{3}$ der Kinder tragen eine Brille.

c) $\frac{2}{4}$ der Kinder kommen mit dem Fahrrad zur Schule.

1 Schreib- und Sprechweise von Bruchzahlen thematisieren
5, **6** Frage, Lösungsweg und passenden Antwortsatz im Heft notieren

121

Spiel erfinden

 Würfelspiele   Geschicklichkeitsspiele   Denkspiele

Kartenspiele   Brettspiele   Legespiele

 2 Erstellt eine Tabelle mit den verschiedenen Spielkategorien.
Ordnet euch bekannte Spiele in diese Kategorien ein.
Es gibt Spiele, die man auch in mehrere Kategorien einordnen kann.

Würfelspiele	Kartenspiele	Geschicklichkeitsspiele	Brettspiele	Legespiele	Denkspiele
Würfelspaß	Quartett	Mikado	Schach	Domino	Stadt-Land-Fluss

 3 Erfindet ein kleines Würfelspiel für zwei Personen mit drei Würfeln.
Schreibt die Regeln auf und spielt das Spiel. Die Kärtchen können euch helfen.

Spielende   Spielmaterial   Spielvorbereitung   Spielablauf   Spielanfang

Würfelbecher   Notizblock und Bleistift   Pokern   Eieruhr   Zahlenkarten

 4 a) Spielt das Spiel „Mensch ärgere dich nicht".

b) Ändert die Regeln des Spiels ab oder erfindet neue Regeln.
Spielt nach den neuen Regeln.

c) Findet Regeln, die die Spieldauer verkürzen.
Die Anzahl der Spielfiguren darf aber nicht verändert werden.
Spielt nach den neuen Regeln.

 5 Erfindet ein Spiel zu einem der unten abgebildeten Spielpläne oder zeichnet
selbst einen Spielplan, zu dem ihr euch ein eigenes Spiel ausdenkt.

A

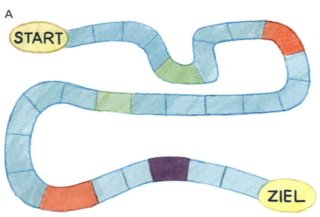

B

1 Über verschiedene Spielkategorien sprechen:
besondere Merkmale, Unterschiede und Gemeinsamkeiten herausarbeiten
5 Kopiervorlagen nutzen

Knobelaufgaben

Louis Braille lebte von 1809 bis 1852. Der Franzose erblindete nach einer Verletzung am Auge im Alter von 3 Jahren. Mit 16 Jahren erfand er die Blindenschrift, die nach ihm auch Braille-Schrift genannt wird.

Die Grundform der Braille-Schrift besteht aus sechs Punkten, die wie ein Sechser auf einem Würfel angeordnet sind. Jedes Zeichen wird durch Erhebungen der Punkte dargestellt. Je nach Kombination und Anzahl der erhabenen Punkte wird ein anderes Zeichen gebildet. Diese werden mit den Fingerkuppen erfühlt. Die Braille-Schrift wird bis heute auf der ganzen Welt genutzt.

A	B	C	D	E	F	G	H	I	J	ohne Zahlzeichen
1	2	3	4	5	6	7	8	9	0	mit Zahlzeichen

K L M N O P Q R S T

U V X Y Z

Wieso ist **W** *nicht dabei?*

Die Franzosen haben kein W. Es kam erst später dazu!

1 Entschlüssle die Botschaft und befolge sie.

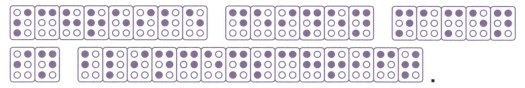

2 Schreibe eine eigene Botschaft. Dein Partner entschlüsselt sie.

3 Für die Darstellung von Zahlen verwendet man in der Blindenschrift Buchstaben. Zur Unterscheidung wird den Zahlen das Zahlzeichen vorangestellt.

S.123 Nr.3

a)   0

a) Schreibe die Ziffern von 0 bis 9.

b) Bei Zahlen aus mehreren Ziffern wird das Zahlzeichen nur einmal vorangestellt. Wie heißen diese Zahlen?

4 In welchen Zahlen von Aufgabe 3b) findest du ein Wort, wenn du das Zahlzeichen weglässt? Schreibe die Worte auf.

Mathematik zum Nachschlagen

Addition ⊕ addieren

5 200 + 300 = 5 500

Summand plus Summand gleich Summe

Subtraktion ⊖ subtrahieren

4 900 − 600 = 4 300

Minuend minus Subtrahend gleich Differenz

Multiplikation ⊙ multiplizieren

250 · 3 = 750

Faktor mal Faktor gleich Produkt

Division ⊙ dividieren

3 600 : 6 = 600

Dividend geteilt durch Divisor gleich Quotient

Rechenregeln

Punktrechnung (·, :)
vor Strichrechnung (+, −).

$3 + 4 \cdot 9 =$
$3 + 36 = 39$

Rechnungen in einer Klammer
werden zuerst ausgerechnet.

$(3 + 4) \cdot 9 =$
$7 \quad \cdot 9 = 63$

Größen

Längen	Gewicht (Masse)	Zeit
1 km = 1 000 m	1 t = 1 000 kg	1 d = 24 h
1 m = 100 cm	1 kg = 1 000 g	1 h = 60 min
1 cm = 10 mm		1 min = 60 s

Geld

1 € = 100 ct

Rauminhalt (Volumen)

1 l = 1 000 ml

Umfang und Flächeninhalt

Umfang: 8 cm
Flächeninhalt:
3 Zentimeterquadrate

Geraden

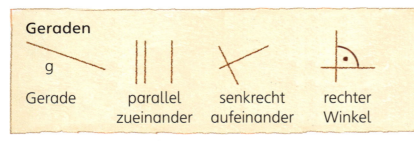

g

Gerade | parallel zueinander | senkrecht aufeinander | rechter Winkel

Formen

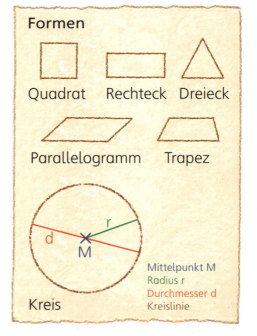

Quadrat   Rechteck   Dreieck

Parallelogramm   Trapez

Kreis

Mittelpunkt M
Radius r
Durchmesser d
Kreislinie

Körper

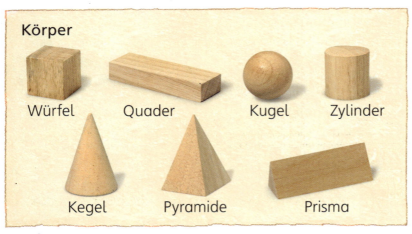

Würfel   Quader   Kugel   Zylinder

Kegel   Pyramide   Prisma